Karin und Peter entdecken Lennep

Erzählungen aus 750jähriger Stadtgeschichte

Zwei Lenneper Kinder aus einer am historischen Geschehen interessierten Familie lernen durch Wandern, Schauen und Gespräch ihre Heimatstadt besser kennen. Eine besondere Quelle ihrer Entdeckungen aber ist ein altes Buch mit Erzählungen aus der Lenneper Stadtgeschichte.

Ein Büchlein für Kinder und Erwachsene, die gern Geschichten lesen.

5. Auflage

Gestaltung des Einbandes: Klaus Küster

Zeichnungen im Textteil: Dorothea Hinders

Druck: Re Di Roma-Verlag, Remscheid

ISBN 978-3-86870-190-6
11,95 Euro (D)

Erika Bornewasser

Karin und Peter entdecken Lennep

Erzählungen aus 750jähriger

Stadtgeschichte

Vorwort zur 5. Auflage

Da dieses Buch zur Freude der Autorin auch nach nunmehr 30 Jahren interessierte Leser findet, soll es zum fünften Mal aufgelegt werden. Doch in diesen 30 Jahren hat sich einiges in unserer Stadt verändert, auf das hinzuweisen mir wichtig erscheint. Die Seiten, für die die Hinweise gelten, sind in Klammer angegeben.

1. Der Name AMC-Fabrik ist Kindern nicht mehr geläufig. Dort befindet sich heute die beschützende Werkstatt der Lebenshilfe. (S.8).

2. Das Röntgenmuseum wurde umgestaltet und erweitert und hat einen neuen Museumseingang. Es gibt Führungen, auch für Kinder. Direktor Streller ist verstorben, sein Nachfolger ist Direktor Hennig. (S.9, 10, 11, 12).

3. Die Klosterkirche und das Kloster wurden dank des Vereins Klosterkirche zum Kulturzentrum. Die im Buch geäußerten Wünsche gingen also in Erfüllung. (S. 22/24, 87).

4. Die Hauptschule Leverkuser Straße zog zur Bökerhöhe um. Auch das Lehrerseminar ist nicht mehr im Kreishaus. Beide Gebäude werden jetzt von der Förderschule genutzt. (S. 46/47, 109).

5. Im Lennepebachtal wurde die Lennepe aus den Rohren befreit und renaturiert. Die Kläranlage befindet sich jetzt im Tal der Wupper bei Dahlerau. Auch die Trinkwasserversorgung hat sich geändert, Remscheid wird jetzt von der Dhünntalsperre versorgt. (S. 49).
Das Amtsgericht ist nicht mehr in der Bahnhofstraße.

6. Heute ist das Pilgern nach Santiago wieder „in". (S. 71).

7. Die Kammgarnspinnerei gibt es nicht mehr, auch die Tuchfabriken an der Wupper arbeiten nicht mehr. Lennep hat keine Tuchindustrie mehr, wohl aber ein Tuchmuseum in der Hardtstraße, das an die alte Zeit erinnert. (S. 90) .

8. Das Krankenhaus wurde nach Remscheid verlegt, das Kaufhaus wartet auf einen Investor. (S.114).

Beim Lesen oder Vorlesen – auch bei den Erzählungen aus dem „alten Buch" wäre es meines Erachtens sehr wichtig, die Kinder auf den stets stattfindenden Wandel in unserer Umgebung hinzuweisen.

Remscheid-Lennep, den 12.März 2010

Erika Bornewasser

Vorwort

Im Jahre 1980 feiern wir den 750. Jahrestag der Stadtgründung Lenneps. Bei solchen Anlässen pflegt man sich an die Vergangenheit, an das Werden der Stadt und an die Ereignisse, die in ihren Mauern stattfanden, zu erinnern.

Viele Historiker und Heimatforscher haben uns in ihren Werken vom alten und neueren Lennep berichtet und viel Interessantes zusammengetragen. Dieses Gut an unsere Kinder weiterzugeben, ist unsere Aufgabe.

Im vorliegenden Büchlein wurde versucht, aus der Fülle der historischen Informationen einige wichtige Ereignisse und Epochen der Lenneper Stadtgeschichte herauszugreifen und in Erzählungen lebendig werden zu lassen. Hierbei wurde die Nähe zum historischen Geschehen stets beachtet.

Kinder lieben Geschichten und leben in ihnen. Durch Geschichten gewinnen sie ein feineres Gespür für die Geschehnisse der Vergangenheit, sie werden zur Auseinandersetzung gereizt, ihre Phantasie wird angeregt und ihr Geschichtsverständnis geweckt. Durch Geschichten erfahren sie, wie groß und vielgestaltig die Welt ist. Vielleicht werden aber auch die erwachsenen Leser Gefallen an den kleinen Erzählungen aus der Vergangenheit unserer Stadt Lennep finden.

Remscheid-Lennep, den 24. Februar 1980

Erika Bornewasser

INHALTSVERZEICHNIS

Lennep - die Röntgenstadt

„Mutti, Mutti, heute haben wir aber eine komische Hausaufgabe auf!“ Mit diesen Worten stürmten die Zwillinge Peter und Karin in die Wohnung. „Die kriegen wir nie heraus“, fügte Peter hinzu.

„Nun mal langsam", meinte die Mutter, „so schlimm wird es wohl nicht sein.“

Aber Karin hatte schon ihr Heft aus dem Tornister gezogen und begann zu lesen: „Suche einen Lenneper Familiennamen, aus dem ein Verb (Tuwort) geworden ist, das man in aller Welt kennt, von Europa bis Afrika, von Amerika bis Asien! – Also, Mutti, hast du schon einmal so eine Frage gehört? Aus unserer Klasse weiß das keiner!“ „Eine interessante Aufgabe", antwortete Mutter Schmidt lächelnd. „Sag nur, du wüßtest es schon!“, rief Peter erstaunt. Frau Schmidt nickte. „Toll, einfach toll!“, wunderte sich Karin. „Und wie heißt der Name?"

„So einfach sollt ihr es nicht haben, Kinder“, erwiderte die Mutter. „Heute Nachmittag muß ich noch einkaufen in der Stadt, da geht ihr mit, und ich zeige euch drei Stellen in Lennep, wo der Name vorkommt. Nehmt euch einen Zettel und einen Bleistift mit. Es ist der Name, der nachher am häufigsten auf dem Zettel steht.“

„Klasse! Das ist ja spannend!“, jubelten die beiden. „Wir spülen und trocknen nach dem Essen schnell ab, damit wir wegkommen.“

Gegen halb drei gingen sie los. Familie Schmidt wohnte in der Christhauser Straße, und als sie an der Ecke Röntgenstraße ankamen, blieb die Mutter stehen. „Hier ist die erste Stelle, guckt euch um und schreibt auf den Zettel, was ihr seht!“, sagte sie. „Ich warte auf euch.“ „Hier ist doch gar nichts Besonderes“, meinte Karin enttäuscht, aber Peter sagte: „Schreib' mal auf 'Röntgenschule, Spielplatz, Röntgenstraße, Christhauser Straße, Teichstraße, Kirmesplatz'. „Guck mal, Mutti, ist der Name dabei?“, fragte Karin, als sie fertig war. Die Mutter nickte lächelnd. Über die Teichstraße und die Hackenberger Straße kamen die drei bis zur katholischen Kirche.

„Hier ist die zweite Stelle“, sagte Frau Schmidt. Die beiden begannen eifrig zu schreiben. Auf dem Zettel stand: 'Katholische Kirche, Freiherr-vom-Stein-Schule, Hardtstraße, Röntgenmuseum, Thüringsberg, Schwelmer Straße, Hackenberger Straße, Röntgendenkmal!'

„Ich ahne etwas“, meinte Peter nachdenklich. Aber die Mutter ging schon weiter. Sie bog in den Gänsemarkt ein, ging an Pilger- und Küchengasse vorbei und blieb erst stehen, als rechts das Fabriktor der ehemaligen AMC-Fabrik auftauchte. „Hier ist die dritte Stelle“, sagte sie.

Die beiden guckten sich lange um. Karin schrieb: 'Gänsemarkt, AMG-Fabrik, Pastoratstraße', als Peter plötzlich rief: "Da am Haus steht ein Schild, guckt mal genau hin! Da steht: 'Geburtshaus von Wilhelm Conrad Röntgen'. Ich weiß alles, Mutti, ich hab es vorhin schon geahnt! Der Familienname ist 'Röntgen' und das Verb heißt auch 'röntgen'. Das tut man ja wirklich in der ganzen Welt! Wir haben es gefunden! Röntgenschule, Röntgenstraße, Röntgenmuseum, Röntgendenkmal und Röntgen-Geburtshaus! Hat eigentlich der Herr Röntgen das Röntgen erfunden?"

„Ihr habt richtig geraten“, erwiderte die Mutter. „Der Familienname, den ihr suchen solltet, ist 'Röntgen'. Aber Wilhelm Conrad Röntgen hat das Röntgen nicht erfunden, sondern er hat die Röntgenstrahlen entdeckt, die durch die Gegenstände dringen und das Innere der Dinge sichtbar machen. Er ist der berühmteste Bürger unserer Stadt. Hier in diesem Haus wurde er geboren im Jahre 1845.“

Geburtshaus Wilhelm Conrad Röntgens

„Das ist aber ein kleines Haus“, meinte Karin. „Reich war er wohl nicht?“ „Nein“, erklärte die Mutter. „Seine Vorfahren stammen alle hier aus der Gegend, meist von der Wupper bei Dahlhausen. Sie waren Kaufleute und Weber, angesehene, fleißige, strebsame Menschen, aber nicht reich. Und arbeitsam und gründlich war auch Wilhelm Conrad Röntgen, dem die große Entdeckung gelungen ist. Forscher müssen sehr genau arbeiten."

„Ich bin ja auch schon geröntgt worden", rief Karin. „Damals, als ich den Arm gebrochen hatte. Auf dem Röntgenbild konnte der Arzt sehen, wie er den Arm schienen und den Gips anlegen musste."

„Ja, sonst wäre dein Arm vielleicht schief zusammengewachsen!", bestätigte die Mutter. "Bevor man die Röntgenstrahlen kannte, ist so etwas oft passiert."

„Hat er in diesem Haus die Strahlen entdeckt?", fragte Peter. Die Mutter lachte. „Nein, bestimmt nicht", antwortete sie. „Solche Forschungen werden an Universitäten betrieben. Röntgens Familie ist schon hier weggezogen, als er noch ein Kind war. Sie gingen nach Apeldoorn in Holland. Er hat später studiert und ist Professor der Physik geworden. Ich glaube, die Strahlen hat er in Würzburg entdeckt. Aber wenn ihr es genau wissen wollt, dann müssen wir mal ins Röntgenmuseum gehen. Herr Direktor Streller dort weiß mehr darüber als ich."

„O ja", riefen die beiden, und als die Mutter ihre Einkäufe erledigt hatte, schellten sie an dem schönen alten Oelbermannschen Haus, in dem im Jahre 1932 das Röntgenmuseum eingerichtet worden war.

Herr Streller lächelte, als er von der „komischen" Hausaufgabe und den Nachforschungen der Kinder hörte. „Ihr seid ja auch Forscher", meinte er und lud sie ein, hereinzukommen und die alten und modernen Röntgenröhren und Röntgenapparate anzusehen. Auch einige interessante Röntgenbilder zeigte er ihnen, ein ganzes Auto konnten sie im Röntgenbild betrachten.

„Das sind ja eigenartige Strahlen", sagte Peter nachdenklich, als er alles angesehen hatte. „Wo kommen sie bloß her?"

„Es gibt sie auch draußen in der Natur", erklärte Herr Streller. „Sie treten beim Zerfall von Atomkernen auf. Erz, in dem Uran enthalten ist, sendet sie in kleinsten Mengen aus. Wilhelm Conrad Röntgen hat sie zufällig entdeckt, als er ganz andere Forschungen betrieb. Er war Professor an der Universität Würzburg. Dort untersuchte er Kathodenstrahlen in luftleeren Röhren, und plötzlich sah er auf einem lichtempfindlichen Papier, das auf dem Tisch lag, schwarze Linien, die von der Röhre ausgingen. Als Professor Röntgen sie untersuchte, merkte er, daß sie von Strahlen verursacht wurden, die alles durchdringen konnten, auch seine Hand.

Wilhelm Conrad Röntgen

Er sah seine eigenen Knochen. Auch durch Papier, Holz, Tuch und Metalle drangen die X-Strahlen, wie er sie nannte. Einen Monat lang untersuchte er sie, dann veröffentlichte er seine Entdeckung in einer Arbeit. Das war im Jahr 1895. Ganz rasch merkten die Wissenschaftler in allen Ländern, was das für eine ungeheuer wichtige Sache war, und schon einen Monat danach meldeten es alle Zeitungen. Große Hoffnungen setzten vor allem die Ärzte auf die Wirkung dieser Strahlen. Auch das Lenneper Kreisblatt brachte die Nachricht, und im Februar des Jahres 1896 fragte der Lenneper Bürgermeister Sauerbronn bei Professor Röntgen nach, ob er in Lennep geboren sei, denn die Stadt wollte ihren berühmten Bürger ehren. Am 16.4.1896 verlieh man ihm das Ehrenbürgerrecht der Stadt Lennep."

„Dann hat er sicher viel Geld verdient", warf Peter ein. „O nein", antwortete der Museumsleiter, „das war ganz und gar nicht der Fall. Professor Röntgen hat die Entdeckung nicht selbst ausgenutzt, sondern sie allen Menschen zur Verfügung gestellt. Millionen sind durch seine Röntgenstrahlen gerettet worden, besonders im Krieg, als man bei den Verwundeten Splitter und Kugeln in ihren Körpern suchen mußte. 1901 bekam Wilhelm Conrad Röntgen den Nobelpreis für Physik in Stockholm, es war der erste, der für physikalische Forschungen verliehen wurde. Das Geld für diesen Preis hat Wilhelm Conrad Röntgen für gute Zwecke gestiftet. Er ist nicht reich geworden durch seine Entdeckung, es war ihm lieber, Menschen zu retten. Übrigens gibt es jetzt alle Jahre eine Röntgenplakette der Stadt Remscheid für verdiente Wissenschaftler, die an Röntgens Erfindung weiterarbeiteten."

„Ist er eigentlich nochmal nach Lennep gekommen?", fragte Frau Schmidt. „Ja, 1911 war er auf einer Hollandreise noch mal hier. Er hat auch in seinem Testament der Stadt Lennep Wertpapiere hinterlassen als Stiftung, um jungen Leuten Ausbildungsbeihilfe zu geben", erzählte Herr Streller.

„Lebt er noch?" wollte Karin wissen.

Die anderen lachten. „Nein", entgegnete die Mutter, „das kann ja wohl nicht sein, er wurde ja 1845 geboren, da wäre er jetzt 135 Jahre alt!" „1923 ist er in München gestorben", fügte Herr Streller hinzu, „aber begraben wurde er in Gießen."

„Das war mächtig interessant", rief Peter. „Morgen in der Schule werde ich alles erzählen. Dürfen wir mal mit der Klasse zu Ihnen ins Museum kommen? Ich möchte auch solch ein Forscher werden, wenn ich groß bin!" „Eine gute Idee", lachte Herr Streller, „ihr dürft gerne kommen. Lerne nur recht fleißig, vielleicht bekommst du auch mal später die Röntgenplakette!"

„Und vielen Dank für Ihre Mühe“, sagten alle drei zum Abschied.

„Wir wußten gar nicht, was es alles Interessantes in Lennep zu sehen gibt.

Lennep - Grenzfestung der Grafen von Berg

Als Vater Schmidt gegen halb sechs Uhr von der Arbeit zurückkam, warteten Karin und Peter schon auf ihn. Sie konnten gar nicht schnell genug von ihren Erlebnissen erzählen und dem Vater mitteilen, was sie Neues entdeckt hatten.

„Langsam, langsam“, rief Vater lachend, „immer der Reihe nach, laßt mich erst mal schnaufen. Wenn wir gleich zu Abend essen, berichtet ihr mir alles gemütlich am Tisch. Ich bin sehr gespannt auf eure Neuigkeiten!“

Es wurde eine lange Mahlzeit, denn die beiden sprudelten nur so vor Begeisterung. „Ihr seid ja richtige Heimatforscher“, meinte der Vater. Da sagte Peter nachdenklich: „Vater, wenn Wilhelm Conrad Röntgen noch lebte, wäre er jetzt 135 Jahre alt, haben wir ausgerechnet. Dann muß ja unsere Stadt noch älter sein; wie alt ist sie eigentlich?“

„Viel, viel älter als Wilhelm Conrad Röntgen, Peter“, antwortete Herr Schmidt. „Dieses Jahr hat ja Lennep einen besonderen Geburtstag, man nimmt an, daß die Stadt jetzt 750 Jahre alt ist. Aber bevor hier eine Stadt entstand, gab es schon eine alte Ansiedlung von Herrenhöfen und Bauern, die Herren zu Lennep genannt. Wir wissen sogar die Namen der alten Höfe noch. Der eine Herrenhof war der Bongartshof. Das bedeutete 'Baumgartenhof', sicher hatten sie dort viele Obstbäume. Der andere war der Weyerhof, er hatte seinen Namen von einem Weiher oder Teich, an dem er lag. Die Bauernhöfe hießen Weversgut, Kortensgut und Pollartzgut. Dann gab es noch eine kleine Kapelle bei den Höfen, die dem heiligen Nikolaus geweiht war. An diesen Höfen führte eine uralte wichtige Straße vorbei, sie kam von Köln, ging nach Dortmund und weiter nach Norddeutschland. Auf ihr sind vielleicht die Römer gezogen oder Kaiser Karl der Große, als er Kriege gegen die Sachsen führte. Sie war für die Kaufleute, die Soldaten, die Fuhrleute und die Mönche, kurz, für alle sehr bedeutend. Von Köln bis Lennep brauchte man ungefähr einen Tag, denn man mußte ja zu Fuß gehen oder mit dem Pferdewagen reisen oder reiten. Hier machten die Reisenden gerne Rast, denn Lennep lag in einem geschützten Tal, es gab

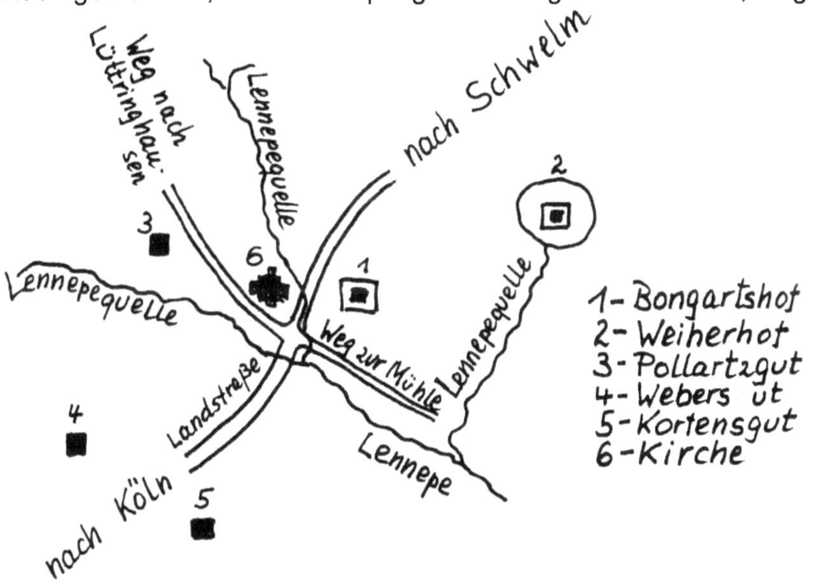

Die Herrenhöfe an den Lenn pequellen
(nach E. Erwin Stursberg)

Wasser durch den Lennepebach mit seinen vielen Quellen, Weide gab es für die Pferde, und des Nachts konnten die Kaufleute ihre kostbaren Waren sicher in der Nikolauskapelle lagern. So hatte Lennep an der großen Straße damals seine besondere Bedeutung."

„Und wie ist es eine Stadt geworden?", fragte Peter.

„Das haben die Grafen von Berg veranlaßt", erklärte Vater. „Die Herren von Lennep haben ihnen später den Ort übergeben, wir wissen nicht genau, warum."

„Die Grafen von Berg?", wunderte sich Karin. „Wohnten die nicht in Schloß Burg?"

„Ja, zumindest eine lange Zeit", erwiderte Vater. „Sie hatten ursprünglich eine Burg bei Altenberg, dann erbauten sie Schloß Burg und noch später hatten sie dann ihre Residenz in Düsseldorf. Aber zur Zeit, als Lennep Stadt wurde, bewohnten sie Schloß Burg an der Wupper." „Die hatten sicher Lennep gern, daß sie eine Stadt daraus machten!" meinte Karin.

Vater lächelte. „Na, das war bestimmt nicht der einzige Grund. Lennep lag sehr nahe an der Grenze des Bergischen Landes, vor Beyenburg begann schon das Gebiet des Grafen von der Mark. Ihr könnt heute noch den Wall sehen, den man an der Grenze aufgeschüttet hat, wenn ihr nach Beyenburg auf der alten Straße über Steinhaus wandert. Für den Grafen von Berg war es wichtig, eine befestigte Stadt in der Nähe der Grenze zu haben, in die er sich schnell mit seinen Leuten zurückziehen konnte, wenn es an der Grenze Kämpfe gab. Auch hätte er durch die befestigte Stadt die ganze große Straße absperren können, denn sie würde mitten durch die Stadt führen. – Aber wenn euch das interessiert, ich habe da so ein altes Buch mit Geschichten, soll ich euch mal von der Stadtgründung vorlesen?"

„O ja", riefen die beiden. Schnell wurde der Tisch abgeräumt, und auch Mutter setzte sich dazu und meinte: "Na, dann lies mal!"

Und Vater begann:

Die Gründung der Stadt Lennep

Es war im Jahre 1228. Ein milder Frühlingsabend senkte sich über das kleine Dorf an den Lennepequellen. Des Tages Arbeit war getan, das Vieh versorgt, und in den Häusern und Hütten versammelten sich die Menschen zum Abendimbiß.

Auch im Weyerhofe saßen Herrschaft und Gesinde um den Tisch. Die Mägde trugen große Schüsseln mit Gerstenbrei auf, kalte Milch in Krü-

gen, geräuchertes Fleisch und Brot. Gerade wollte der Hofesgeistliche den Segen sprechen, als draußen Hufgeklapper ertönte und Rufe erschallten. Der Hausherr sandte einen Knecht hinaus um nachzuschauen. Der kehrte mit einem Fremden zurück. „Ein Bote von Graf Heinrich", sagte er.

Der Hausherr erhob sich. „Seid willkommen", sprach er freundlich.""Was hat Graf Heinrich uns zu sagen?".

Der Reiter verneigte sich. „Herr Heinrich, Herzog von Limburg und Graf von Berg entbietet euch seinen Gruß. Ihr sollt Sorge tragen, daß morgen am späten Nachmittag alle freien und wehrfähigen Männer des Dorfes sich in der Nikolauskapelle versammeln. Herr Heinrich wird selbst kommen und zu ihnen sprechen."

Ein erschrockenes und aufgeregtes Gemurmel erhob sich. Was mochte diese Botschaft bedeuten? Würde es Krieg und Fehde gegen den Grafen von der Mark geben, mit dem Herzog Heinrich seit drei Jahren in Feindschaft lebte?

Da gebot der Hausherr mit einer Handbewegung Ruhe. „Hab' Dank für deine Botschaft", sagte er zu dem wartenden Reiter. „Wir im Dorfe Lennep sind dem Grafen von Berg getreu, was auch kommen mag. Wir werden morgen pünktlich zur Stelle sein. Du aber setz dich mit zu Tisch, iß und trink, wenn es dir nicht zu schlecht ist. Auch ein Nachtlager hätten wir für dich."

„Speise und Trank nehme ich gerne an", entgegnete der Bote, „doch vor der Nacht muß ich zurück zur Burg."

Noch während der Bote abritt, eilten die Knechte von Haus zu Haus bis zu den entferntesten Höfen der Umgebung, um alle zur Versammlung zu laden.

In der darauffolgenden Nacht kamen die Dorfbewohner nicht so recht zur Ruhe. Viele saßen zusammen und besprachen die Gefahr, die durch die Feindschaft der beiden mächtigen Grafen dem Dorf drohen konnte. Alle konnten sich noch gut erinnern, wie es dazu gekommen war. Vor wenigen Jahren war Heinrich noch nicht Graf von Berg gewesen, sondern über das bergische Land herrschte der große Engelbert, der Erzbischof von Köln und Kanzler des Kaisers. Ein beliebter Fürst war er – ein Freund der Bauern, der Kaufleute, der Kleinen und Schwachen. Er beschützte sie vor Übergriffen und Räubereien der Reichen und Mächtigen, der Vögte, der Ritter und Burgherren. Diese aber haßten Engelbert, weil er sie an ihren Gewalttätigkeiten hinderte. Als Kanzler des Kaisers konnte er sie tadeln und bestrafen. So hatte er auch den Isenberger getadelt, der dem Kloster zu Werden an der Ruhr Böses getan hatte. Das konnte der Isenberger nicht vergessen, und als

Engelbert von der Einweihung einer Kirche in Soest zurückkam und heim nach Schloß Burg reiten wollte, lauerte der Isenberger ihm auf und überfiel und erschlug ihn in einem Hohlweg bei Schwelm. Tief in der Nacht brachten Engelberts treue Freunde seine Leiche auf der großen Straße durch Lennep. Die im Bongartshof hatten den traurigen Zug gesehen, doch niemand hatte ihre erschrockenen Fragen beantwortet. Erst amnächsten Tag erfuhren sie durch reisende Händler, was geschehen war und wer die böse Tat begangen hatte. Ein Aufschrei der Empörung ging durch das Land, und keiner bedauerte den Isenberger, als er gefangen und in Köln hingerichtet wurde. Seine Burg und sein Land an der Ruhr schenkte der Kaiser dem Grafen von der Mark.

Und dann war Heinrich Graf von Berg geworden. Seine Schwester aber war die Frau des Isenbergers, und Heinrich nahm sie und ihren Sohn in seine Burg auf. Er versprach dem Kinde, ihm die Burg des Vaters zurückzuerobern und mit dem Grafen von der Mark um das Erbteil zu kämpfen. Drei Jahre war das nun her, und im Dorfe Lennep glaubte man schon, er habe das Versprechen vergessen. Heinrich war mit dem Kaiser zum Kreuzzug gezogen, er hatte die Lenneper Höfe dem Kunibertstift in Köln geschenkt – alle hofften, es würde Frieden bleiben, aber nun drohte Kriegsgefahr von neuem. Was würde Graf Heinrich amnächsten Abend verlangen? Müßten die Männer mit ihm ziehen gegen den Grafen von der Mark? Würden sie ihre geringen Vorräte als Futter für die Pferde und Verpflegung für die Kämpfer mitgeben müssen? Würde die Frühjahrsarbeit auf den Äckern liegen bleiben, weil der Graf Pferde und Wagen mitnähme? Dann würde es im kommenden Winter Hunger und Krankheit geben. Und wenn der Krieg gar verloren ginge? Die Grenze war nah - der von der Mark könnte das Dorf niederbrennen lassen, die Bewohner erschlagen oder wegschleppen – so ein offenes Dorf war allen Feinden eine leichte Beute.

Voll Ungeduld und Spannung versammelten sich die Männer am nächsten Tag vor der Nikolauskapelle. Knechte standen dienstbereit in der Nähe. Man hatte Wachen ausgestellt, um die Ankunft des Grafen rechtzeitig zu vernehmen. Da kamen sie angelaufen und meldeten, die Reiter seien gesichtet worden. Mit lauten, herzlichen Zurufen wurde Graf Heinrich empfangen, ein kleines Gefolge begleitete ihn. Die Knechte nahmen sich der Pferde an und führten sie in den Bongartshof, um sie zu versorgen. Die freien Männer folgten dem Grafen und seinem Gefolge in die Kapelle. Dort hatte man einen geschnitzten Stuhl mit einer buntgewebten Decke für den Landesherrn bereitgestellt.

Auf Heinrichs Wink sprach der Hofesgeistliche ein Gebet, dann trat ein hoher Ministeriale vor und verkündete:

Modell der befestigten Stadt Lennep

„Ich, Heinrich, durch Gottes Gnade Herzog von Limburg und Graf von Berg, beabsichtige, Lennep wegen seiner günstigen Lage an der großen Straße, wegen seiner Nähe zur märkischen Grenze und wegen der Treue seiner Bewohner die Stadtrechte zu verleihen. Lennep soll eine feste Stadt werden mit Mauern, Türmen, Wall, Graben und vier Stadttoren. Die große Straße soll mitten durch die Stadt führen. Für mich aber soll eine Burg, ein festes Haus in der Stadt erbaut werden, denn von hier aus will ich gegen den Grafen von der Mark ziehen und meinem Neffen sein Erbe zurückerobern, das man ihm genommen hat."

Die Männer in der Kapelle konnten ihre Überraschung und Erregung nicht verbergen. Das war etwas ganz anderes, als sie erwartet hatten. Lennep eine Stadt – so wie Siegburg, Wipperfürth, Köln – das würde viele Vorteile bringen! Aber es würde auch ungeheure Kosten verursachen und Arbeit und Mühe brauchen, eine solch feste Stadt zu erbauen. Wer sollte diese Arbeit leisten? Und der Krieg stand also doch bevor!

Da erhob der Herr des Weyerhofs seine Stimme und bat ums Wort: „Das ist eine gute Nachricht für uns, Herzog Heinrich", sagte er vorsichtig. „Lennep wird sich der zugedachten Ehre würdig erweisen. Allein, es wird viel Arbeit zu leisten sein, und wir werden viele Kosten aufbringen müssen. Werden wir dafür entschädigt werden? Werden wir besondere Rechte erhalten? Es ist in anderen Städten so der Brauch!"

Graf Heinrich winkte, und der Ministeriale griff nach einer Rolle. „Hier ist alles aufgeschrieben, was für die Stadt Lennep von Wichtigkeit sein wird", verkündete er. „Die Lenneper Bürger werden frei sein von allen Abgaben an den Landesherren. Sie werden frei sein von allen Dienstleistungen für die Burg. Sie werden auch frei vom Kriegsdienst sein. Ihr Dienst wird sein, ihre Stadt aufzubauen und in Ordnung zu halten. Die Bauern, die im Weichbild der Stadt wohnen, müssen sich bei ihrem Aufbau und Erhalt beteiligen; dafür dürfen sie in Notzeiten Schutz hinter den Mauern der Stadt suchen. Die Bürger bekommen die gleichen Rechte wie die Stadt Siegburg, in allen Fragen soll gehandelt werden wie in Siegburg. Die Bürger dürfen ihren Stadtrat selber wählen, sie wählen jedes Jahr einen Bürgermeister, der im nächsten Jahr Richter wird. Sie wählen auch die Gerichtsschöffen, denn sie haben ein eigenes Gericht und eine Richtstätte. Jede Woche ist drei Tage Wochenmarkt, einmal im Jahr ein siebentägiger Jahrmarkt. Fremde, die nicht aus dem Herzogtum Berg sind, dürfen gegen Bezahlung von Bürgergeld in die Stadt ziehen. Die Stadt hat eine Bannmeile ringsumher, was innerhalb dieser geschieht, untersteht dem Lenneper Gericht. All dies ist verbrieft und besiegelt und gilt, wenn die Mauer erbauet ist."

Einen Augenblick herrschte tiefe Stille, dann aber brach Jubel aus unter den Männern. Klatschen und Heilrufe für Graf Heinrich erfüllten den Raum. Dessen Augen blitzten. Er gebot Ruhe. Dann wandte er sich zu den Männern und sprach: „Ich sehe eure Freude und teile sie. Möge unser Werk gelingen. Wählt nun Männer, die die Arbeiten leiten und mir berichten werden. Laßt uns den Tag mit Dank an Gott beschließen.“

Selten hatte der Gesang in der Nikolauskapelle freudiger geklungen. Angst und Kriegsgefahr waren vorübergegangen, stattdessen war Lennep eine Bevorzugung zuteil geworden, um die es viele Dörfer beneiden würden: Lennep würde eine Festungs- und Hauptstadt sein und viele Vorrechte haben.

Siegel der Stadt Lennep 1363.

Vater Schmidt schwieg und schloß das Buch. „Das war ja spannend, Vater“, sagte Peter, „bis fast zuletzt wußte man noch nicht, was Graf Heinrich eigentlich wollte. Hat er dann den Krieg mit dem Grafen von der Mark geführt?“

„Ja, das hat er“, bestätigte Herr Schmidt, „aus alten Urkunden weiß man, daß der Friede auf der Burg zu Lennep geschlossen wurde. Das war aber schon etliche Jahre später, denn die Befestigungen waren da schon fertig.“

„Wo stand denn die Burg?“, fragte Karin.

„Wir wissen es nicht“, antwortete der Vater. Man hat schon oft danach gesucht. Manche suchten sie am Weyerhofsfeld, andere in der Nähe des Schwelmer Tores, aber vergebens, man weiß nur, daß sie da war. Auch von der Mauer und den Toren weiß man nur noch aus alten Bildern. Aber die Stadt als solche kann man noch gut erkennen. Sie maß 350 Meter im Durchmesser, die Stadttore waren das Schwelmer Tor, das Mühlentor, das Lüttringhauser Tor und das Kölner Tor; die Stellen, wo sie standen, sind uns bekannt."

„Sind gar keine Reste mehr von der Mauer da?", wollte Peter wissen.

„Nur ein Stückehen vom Wall, auf dem später die Mauer stand, kann man noch sehen", sagte der Vater. „Hinter dem Röntgenmuseum von der Hardtstraße aus sieht man ihn."

„Da gehen wir morgen hin, Karin!", beschloß Peter.

„Ist die Geschichte eigentlich wahr? Oder ist es eine Sage?", fragte Karin weiter.

Herr Schmidt zögerte einen Augenblick mit der Antwort. „Tja, Karin", meinte er dann, „so genau wissen wir das alles gar nicht. Es könnte so wie in unserer Geschichte gewesen sein. Die Vorrechte, die Lennep damals bekommen hat, auch Privilegien genannt, sind wirklich verliehen worden, es gibt zwei Urkunden darüber, von 1277 und von 1325. Aber die alte, ursprüngliche Urkunde, die ist nicht mehr da."

„Wie kommt das, es war doch alles aufgeschrieben von dem Ministerialen? Haben die Lenneper denn das Blatt verloren?" Karin kam das merkwürdig vor, daß so ein wichtiges Schreiben verlorengehen könnte.

„Verloren – bestimmt nicht", versicherte Vater. „Aber Lennep ist doch dreimal abgebrannt, da sind die alten Urkunden mitverbrannt, sonst hätte man sie ja später nicht nochmal erneuern müssen."

„Was ist da passiert?", riefen die Kinder erschrocken. „Lennep ist abgebrannt? Alle Häuser? Hast du das erlebt?"

„Nein", erwiderte Vater Schmidt, „das ist viel länger her. Ich habe wohl erlebt, daß im letzten Krieg Bomben auf Lennep fielen, aber die großen Stadtbrände waren in den Jahren 1325, 1563 und der schlimmste 1746, also vor etwa 600, 400 und 200 Jahren. Die Urkunde muß schon beim ersten Male verbrannt sein, denn 1325 wurden die Priviligien nochmal neu aufgeschrieben."

„Erzähl' mal von den Stadtbränden, Vater", baten die Kinder.

„Heute ist es zu spät", mahnte die Mutter, „Ihr müßt zu Bett. Morgen könnt ihr weitererzählen. Eigentlich müßten wir auch mal nach Schloß Burg fahren. Im Rittersaal kann man dort viele Bilder sehen, z. B. auch, wie Engelbert ermordet wurde. Zu jedem Bild dort gibt es Geschichten und Sagen!"

„O ja, Mutter, das wollen wir mal sehen“, jubelten die Kinder, „laß uns nur recht bald fahren!"

Lennep – ein Rundling

„Unsere Lehrerin hat nicht schlecht gestaunt, was wir alles von Wilhelm Conrad Röntgen wußten“, berichtete Karin am nächsten Mittag. „,Woher wißt ihr das denn alles?', hat sie uns gefragt. Da haben wir erzählt, wie wir den Namen gesucht haben und im Museum waren. Das fand sie aber wirklich gut.“

„Und von Vaters Buch und von der Stadtgründung haben wir auch erzählt“, warf Peter ein. „Aber wir wollten doch heute mal gucken, wo der alte Wall war und die vier Tore gestanden haben.“

„Da müßt ihr rings um die Altstadt gehen, neben dem Röntgenmuseum beginnt die Wallstraße“, sagte Mutter. „Paßt aber gut im Verkehr auf und kommt pünktlich zurück, Vater wartet nicht gerne!"

Nach den Schularbeiten holte Karin noch ihre Freundin Elke ab, die mit auf Entdeckungsreise wollte, dann liefen sie los. In der Teichstraße blieb Peter plötzlich stehen. „Guckt mal das Schild“, rief er, „da steht ja ‚Weyerhofsfeld'. Hier in der Nähe war bestimmt der Weyerhof, von dem Vater vorgelesen hat, und ‚Teichstraße', das paßt dazu, da soll ja ein Weiher beim Hof gewesen sein.“

„Neben dem Spielplatz ist doch jetzt noch ein Teich" meinte Karin, und sie erzählten Elke von Vaters Buch und von den alten Höfen, die zuerst in Lennep gestanden hatten.

„Komisch, daß es die Namen noch gibt“, überlegte Elke.

An der katholischen Kirche bogen sie in die Hardtstraße ein und entdeckten hinter dem Röntgenmuseum am Parkplatz den hohen, aufgeschütteten Wall. Peter hatte richtiges Entdeckerfieber, er kratzte an den Steinen herum und kletterte bis an die Hecke an der Wallstraße. „Willst du einen Schatz finden?“, riefen die Mädchen lachend, „da musst du aber ganz tief graben!“ Sie kehrten um und blieben am Röntgenmuseum stehen. „Hier müßte doch das Schwelmer Tor gewesen sein!“, überlegte Peter. Die Kinder guckten überall herum.

„Na, was sucht ihr denn?" fragte auf einmal eine bekannte Stimme hinter ihnen. Die drei wandten sich um. Da stand ihr Nachbar, der alte Lehrer Francke, der seit einigen Jahren im Ruhestand lebte und immer gut Freund mit den Kindern war.

„Wir sind Heimatforscher, Herr Francke“, rief Peter, „wir wollen wissen, wo die vier Stadttore früher waren.“

„Da seid ihr ja am richtigen Platz“, lachte Herr Francke, „hier hat einmal das Schwelmer Tor gestanden. Und durch die Wallstraße ging es dann zum Wasser- oder Mühlentor.“

„Kommen Sie doch mit, Herr Francke“, bat Karin. Sie können immer so gut erzählen.“

„Eigentlich muß ich zur Bushaltestelle am Berliner Hof", antwortete Herr Francke, „aber auf eine Viertelstunde kommt es nicht an, ich kann einen kleinen Umweg machen.“

Sie bogen in die Wallstraße ein. „Seht euch auch die bergischen Häuser an“, machte der alte Lehrer die Kinder aufmerksam. „Sie sind aus Fachwerk gebaut, noch teilweise mit Geflecht und Lehm abgedichtet und entweder schön weiß gestrichen oder mit Schieferplatten gegen den bergischen Regen geschützt. Achtet mal auf die Farben! Schwarzer Schiefer, weiße Fensterrahmen, grüne Schlagläden – das ist der Farbdreiklang der bergischen Häuser. Viele Häuser in der Altstadt sehen so aus."

Nach wenigen Schritten hielt Herr Francke inne. „Guckt mal nach rechts, fällt euch nichts auf?“, fragte er.

„Das große Haus da sieht aus wie eine Kirche“, meinte Elke.

„Gut beobachtet“, lobte Herr Francke. „Das war auch mal eine Kirche. Ganz früher stand an dieser Stelle der Bongartshof, einer der ersten Lenneper Höfe. Er ist 1563 beim Stadtbrand abgebrannt, man hat ihn nicht mehr aufgebaut. Später entstand hier ein Minoritenkloster mit einer katholischen Kirche. Dann wurde das Kloster aufgehoben und eine neue, größere katholische Kirche gebaut, und in das alte Kloster zog eine Fabrik ein, die Wäsche herstellte. Sie ist aber auch nicht mehr da. Lest mal, was über der Eingangstür steht!"

„Ora et labora!“, las Peter.

„Das heißt: ‚Bete und arbeite'“, erklärte Herr Francke. „Das Schild ist noch vom alten Kloster. Auch den Friedhof hat man gefunden, als die Firma einen Kohlenkeller graben wollte. Kelche und Gewänder der Mönche waren noch teilweise erhalten.“

Die Kinder staunten. „Was früher alles in Lennep los war, das hätte ich nicht gedacht“, meinte Peter. „Aber wo haben die Mönche gewohnt?“

„Die Wohngebäude und die alte Schule hat man abgerissen, sie waren baufällig“, sagte Herr Francke. „Ich habe die Gebäude noch ge kannt. Draußen an den Mauern waren noch die Ringe, an denen man die Pferde anband.“

Fachwerk und Schiefer im Kraspütt

„Schade, daß alles weg ist“, seufzte Karin. „Aber die Kirche könnte man doch wieder schön machen!“

An der Mühlenstraße blieb Herr Francke stehen. „So, hier war das zweite und kleinste Stadttor“, sagte er. „Da ging der Weg zur Jakobsmühle, einer mit dem Wasser des Lennepebaches betriebenen Walkmühle, wo die Lenneper Tuchmacher ihre Tuche walkten, damit sie dicht und weich wurden. Der Name Jakobsmühle hat sich bis heute erhalten, ebenso der Name Mühlenstraße, und das Tor hieß Wasser- oder Mühlentor.“

„Und hier ist das Jugendzentrum“, wußte Elke, „da war ich schon zum Töpfern.“

„Früher war es das Lenneper Hallenbad“, erklärte Herr Francke. „Und hier ist die Splittergasse. Sie müßte eigentlich Spitalsgasse heißen, denn sie hat ihren Namen von dem alten Spital oder Krankenhaus, das einmal hier stand und beim zweiten Stadtbrand zerstört wurde.“

„Und was bedeutet ‚Kraspütt'?“ fragte Karin.

„Man weiß es nicht ganz genau“, erwiderte Herr Francke. „Jedenfalls ist ein ‚Pütt' ein Brunnen oder Wasserbehälter. Manche Forscher meinen, es bedeute ‚Geschützter Brunnen'. Sicher gab es dort eine wichtige Wasserstelle.“

Elke zeigte auf ein großes Haus mit Fensterschlitzen. „Wie alt ist das Haus denn?“, fragte sie. „Das stammt aus dem letzten Krieg und ist noch keine 40 Jahre alt“, berichtete Herr Francke. „Es ist ein Bunker und schützte die Altstadtbewohner gegen die Bombenangriffe, denn die Häuser hatten keine festen, tiefen Keller. Hoffentlich wird nie wieder Krieg kommen.“

An der Kölner Straße blieben sie stehen. „Hier war bestimmt das Kölner Tor, hier steht ja auch ‚Kölner Hof'“, rief Peter.

„Du hast recht“, antwortete Herr Francke, „hier sollen schon die Wachsoldaten eine kleine Gaststube gehabt haben.“

An der Ampel überquerten sie die Kölner Straße und gingen weiter durch die Wallstraße. Herr Francke wies sie auf die kleinen Gäßchen hin. „Ihr seht, wie alle Gassen abwärts zum Munsterplatz und weiter zum Markt laufen. Lennep ist rund gebaut, und der Mittelpunkt sind die Kirche und der Markt. Von allen Seiten kommen die Straßen dort wie ein Stern zusammen.“

Das war den Kindern noch nie so deutlich aufgefallen. Am Berliner Hof blieb Herr Francke stehen. „Hier war das vierte Tor, das Lüttringhauser Tor“, sagte er. „Jetzt ist der Kreis fast geschlossen. Aber die alte Wallstraße hört hier auf, man hat hier auf dem alten Wall Anlagen angelegt, den Thüringsberg. Früher gab es hier mal Löschteiche, die wurden zugeschüttet oder überbaut. Aber da kommt gerade mein Bus. Kommt gut nach Hause, Kinder.“

„Auf Wiedersehn, Herr Francke, und vielen Dank fürs Mitgehen, es war viel interessanter mit Ihnen, als allein“, riefen die Kinder.

„Mir hat es selbst Spaß gemacht, Kindern mal wieder was von Lennep zu zeigen“, lächelte der alte Lehrer und stieg ein.

Die drei aber vollendeten die Runde, bis sie wieder am Röntgenmuseum ankamen.

Lennep – eine mittelalterliche Stadt

Beim Abendbrot gab es wieder viel zu berichten, und Vater Schmidt, der sich über die Wißbegierde und das Interesse der Kinder freute, holte das Buch wieder aus dem Schrank. „Was soll ich heute vorlesen?" fragte er.

„Du wolltest uns von den Stadtbränden erzählen“, erinnerte Peter.

„Ja, vom letzten Stadtbrand 1746 gibt es hier eine Geschichte“, sagte der Vater, „das war wohl auch der größte und verheerendste Brand.“ Und er begann zu lesen.

Der große Stadtbrand 1746

Im Kraspütt wohnte die Familie Dietrich Windgassen. Am 6. Oktober 1746 wollte Dietrich mit seiner Frau an einer Hochzeit teilnehmen. Er schloß die Kinder in der Wohnstube ein und ermahnte sie, recht artig zu spielen. „Wie schön ihr angezogen seid“, sagte die älteste Tochter, „ich freue mich schon, wenn ich groß bin und auch zu Festen gehen kann!“

„Paß gut auf, daß nichts passiert!“, mahnte die Mutter, und die Eltern verließen das Haus.

In der Stadt herrschte ein frohes Treiben. Viele Menschen, alte und junge, bevölkerten die Straßen, um den Zug der Brautleute von der Kirche ins Hochzeitshaus zu sehen, sollte doch eine Doppelhochzeit stattfinden.

„Es ist ein rechter Freudentag für unsere Stadt“, meinte Dietrich zu seiner Frau gewandt, „so schöne junge Brautpaare gibt es nicht alle

Tage. Hoffentlich wird das Wetter gut bleiben, es kommt so ein starker Wind auf.“

„Horcht“, sagte Frau Windgassen, „was ist das?“ Vom Kraspütt her war plötzlich ein furchtbares Geschrei zu hören.

„Feuer, Feuer“, schrien die Menschen, „beim Windgassen brennt es!“ Da tönte es schon laut und schaurig: "Feurio, feurio“ – der Wächter blies das Brandhorn. Ein ungeheurer Schrecken erfaßte alle, wußte doch jeder, daß Lennep schon zweimal durch Feuer zerstört worden war. Beim ersten Mal waren alle wichtigen Urkunden der Stadtgründung mitverbrannt, beim zweiten Mal aber waren 25 Menschen ums Leben gekommen, als sie versuchten, die Glocken vom Kirchturm zu retten. Viele schöne alte Besitztümer waren verloren gegangen – und nun sollte wieder solche Gefahr sein!

Die größte Angst aber bemächtigte sich der beiden Windgassens. „Die Kinder, die Kinder“, rief Mutter Windgassen, und beide versuchten, durch die Menschenmenge zum Kraspütt zu gelangen. Das war aber nicht so leicht. Alles drängte zur Brandstelle, die einen, um zu helfen, andere aus Neugierde. Die Brautleute waren vergessen. Als Windgassens endlich ihr Haus erreichten, stand es bereits in hellen Flammen, ja das Feuer war schon aufs Nachbarhaus übergesprungen und setzte den Dachstuhl in Brand. Der Wind war noch stärker geworden und trieb brennende Schindeln,Strohhalme und Holzstückchen auf alle umliegenden Dächer, die sofort Feuer fingen.

„Die Kinder, o Gott, die Kinder“, schrie Frau Windgassen wieder. Sie wollte in das brennende Haus, mitten in die Flammen und den Rauch laufen, da riß der Nachbar sie zurück. „Beruhige dich“, sagte er, „die Kinder sind gerettet, ich habe sie durchs Fenster herausgeholt. Sie sind fast im Qualm erstickt, und die Kleinste hat große Brandwunden an den Händen, aber sie leben.“

„Anna hat die Ofentür aufgerissen“, rief der große Bruder, der die Eltern entdeckt hatte, „da fiel die Glut heraus, gerade auf unsere Decke, auf der wir spielten. Wir haben das Fenster aufgemacht und geschrieen, bis der Nachbar kam. Aber alles war schon voll Qualm und Feuer, wir konnten nichts mehr löschen.“

„Los, weg hier, raus aus der Straße!“, riefen einige Männer. „Ihr könnt hier nichts mehr tun, der Giebel wird gleich einstürzen!“

Sie rissen Frau Windgassen und die Kinder mit sich weg. Fast alle Häuser im Kraspütt brannten schon. Prasselnd und krachend verzehrten die Flammen die Holzschindel- und Strohdächer, der Wind trieb das brennende Material über die ganze Stadt. Und überall fand das Feuer reichliche Nahrung, waren doch fast alle Häuser aus Fachwerk

Die Luftaufnahme von 1955 läßt den mittelalterlichen Rundling noch gut erkennen.
Freigegeben durch das hessische Ministerium für Arbeit, Wirtschaft und Verkehr unter Nr. 66/55.

und Holz erbaut und die Dächer mit Stroh gedeckt.

Die Menschen, die zuerst wie erstarrt waren, faßten sich, um zu retten, was noch möglich war. Sie rissen Eimer, Haken, Leitern und Spritzen von den Hauswänden, wo sie für Notfälle bereitgehalten wurden, holten in langen Ketten Löschwasser aus Brunnen und Teichen. Andere versuchten, die vom Brand erfaßten Häuser zu räumen. Bald lagen die Straßen voll von Geschirr und Möbeln, die man nicht abtransportieren konnte. Die Stadttore waren zu eng für die vielen, die mit ihrer Habe hinaus wollten. Man begann Breschen in die Stadtmauer zu schlagen, um schnell ins Freie zu gelangen.

Das Feuer ließ sich aber nicht mehr eindämmen. An zu vielen Stellen brannte es gleichzeitig. Dächer, Giebel, ganze Häuser brachen mit lautem Krachen zusammen. Selbst das Rathaus und die Kirche konnten nicht mehr gerettet werden. Wie Schlangen wanden sich die Flammen um den Kirchturm, und im Feuersturm drehte sich der Wetterhahn hin und her. Plötzlich stürzte mit entsetzlichem Getöse die große Glocke in die Tiefe, schlug aufs Kirchengewölbe und zersprang. In den Wohnhäusern verbrannten die Möbel, zerbrach das Porzellan, schmolzen Zinn- und Kupfergeräte. Pulver, das man für die Gewehre aufbewahrte, entzündete sich und explodierte knallend. Um halb vier Uhr nachmittags stürzte die Kirchenuhr in die Tiefe. Um diese Zeit wütete der Brand erst zweiundeinehalbe Stunde, aber Lennep stand nicht mehr.

Als an diesem traurigen Tag die Dämmerung heraufkam, irrten viele Menschen durch die rauchenden Trümmer. Sie wußten nicht, wohin sie gehen sollten. Brandgeruch und Qualm hingen in der Luft, an vielen Stellen züngelten noch die Flammen. Die Bürger konnten es nicht glauben, daß ihre Heimatstadt mit über 400 Häusern an diesem kurzen Nachmittag völlig in Schutt und Asche gesunken war. Nur sieben Häuser standen noch, eine Scheune und die Kirche und das Kloster der katholischen Gemeinde – alles Gebäude, die aus festem Stein erbaut waren; aber es waren ja viel zu wenig, um allen Obdach zu bieten.

Doch die guten Nachbarn ließen nicht lange auf sich warten. Von allen Seiten kamen sie, aus Lüttringhausen, Radevormwald, Wermelskirchen, Hückeswagen und Remscheid. Viele waren schon während des Brandes herbeigeeilt, um löschen zu helfen, jetzt nahmen sie sich liebevoll der Obdachlosen an. Sie versorgten sie mit Speise und Trank, gaben ihnen Unterkunft und sprachen ihnen Mut und Trost zu. Aber die Lenneper Bürger weinten sich in dieser Nacht in den Schlaf und fürchteten sich vor dem Beginn des neuen Tages, der ihnen nur Not und Elend bringen würde.

Die Enge der Gassen ließ das Feuer rasch übergreifen.

Kirchgasse

Als Vater Schmidt innehielt, blieb es eine Weile ganz still im Zimmer. Die Schrecken der vergangenen Tage waren auf einmal so lebendig geworden wie sonst selten.

„Die armen Menschen“, unterbrach Mutter Schmidt die Stille, “wie muß es denen zumute gewesen sein. Es gab ja keine Versicherung gegen Feuer und kein Sozialamt oder ähnliche Einrichtungen. Alle waren auf die Hilfe der Nachbarn angewiesen. Und was verbrannt war, war verloren und unwiederbringlich dahin. Und dann war es Oktober, da stand der Winter bald vor der Tür, da brauchte man doch ein Dach über dem Kopf! Die Werkstätten mit den vielen Webstühlen, Spinnrädern und Tuchvorräten waren auch zerstört, wie sollten die Weber jetzt verdienen – hier lebten doch die meisten von der Tuchmacherei! Ich kann mir die Lage der Menschen nur als ganz verzweifelt vorstellen!“

„Das war wohl auch so, Lennep ist arm geworden damals“, erwiderte der Vater. „Aber es gab doch ein Hilfsangebot, das haben die Lenneper nicht angenommen. Der Kurfürst Garl Theodor, der damals Landesherr war, bot der Stadt Lennep 10.000 Taler an, doch stellte er eine Bedingung: Lennep müsse auf ganz neue Art wiederaufgebaut werden mit geraden, rechtwinklig verlaufenden Straßen wie die Stadt Mannheim, in der der Kurfürst residierte. Die Lenneper Bürger lehnten es ab, denn sie fürchteten, die neue Planung, das Vermessen und Neuaufteilen würde zu lange dauern, so daß sie vor dem Winter keine Wohnung mehr bekämen. Sie wollten rasch bauen, und jeder am alten Platz. So kam es, daß Lennep so ähnlich wiedererbaut wurde, wie es zuvor gewesen war, mit allen Winkeln und Ecken, mit seltsamen Grundrissen und eigenartigen Giebeln. Auf diese Weise wurde uns die schöne Altstadt erhalten. Es waren aber doch weniger Häuser als zuvor, knapp 300 wurden wieder aufgebaut. Viele Leute zogen nämlich weg von hier, vor allem solche, die genügend Geld gerettet hatten.“

„Hat man auch die Stadtmauer, die Türme und Tore wiederaufgebaut?“, fragte Peter.

„O ja“, antwortete der Vater. „Der Aufbau der Befestigungsanlagen wurde sogar vom Landesherrn befohlen und bezahlt, aber sehr lange haben sie dann doch nicht mehr gestanden. 1796, also 50 Jahre nach dem Brand, wurden sie wieder abgerissen. Gegen Kanonen, die man erfunden hatte, hätten sie nicht standhalten können, und sie behinderten die Bürger ständig bei der Vergrößerung ihrer Stadt. Mit den Steinen aus dem Mauerabbruch hat man die Straßen der Stadt gepflastert. Das war dringend nötig, denn man versank ja bei jedem Regen in Schmutz.“

„Waren denn früher die Straßen nicht gepflastert?“ staunte Karin. „Da kriegte man ja nasse und schmutzige Schuhe!“

„Wenn es das nur gewesen wäre!“, sagte die Mutter. „Es war ja viel schlimmer. Durch den Schmutz und die Unsauberkeit entstanden Krankheiten und Seuchen, denn im Schmutz finden die Krankheitserreger gute Nahrung. Mehrere Male wüteten in unserer Stadt schwere Epidemien, die Pest, die Rote Ruhr, das Fieber, die Pocken; sogar vor 130 Jahren, im Jahre 1849, gab es nochmal eine Epidemie, die Cholera, an ihr starben 211 Menschen.“

„Gab es denn keine Ärzte und Krankenhäuser?“, fragte Karin.

„Doch, schon“, erwiderte Mutter Schmidt, „es hatte schon um 1400 ein Spital gegeben, das aber nicht mehr existierte. Zur Zeit der Choleraepidemie richtete man eine Schule als Notkrankenhaus her. Aber man hatte auch nicht so gute Arzneimittel wie heute, und von Reinlichkeit und Hygiene wußte man auch nicht viel, z. B. daß man sich waschen muß und den Atem schützen, wenn man mit ansteckenden Kranken umgeht. Damals verbreiteten sich die Krankheiten rasch von einem Haus ins andere. Und dann begrub man die Verstorbenen in den Kirchen und um die Kirchen herum. All die Krankheitserreger blieben so mitten in der Stadt. Um das Jahr 1800 soll der Leichen- und Verwesungsgeruch in der Stadtkirche ganz unerträglich gewesen sein. Erst dann entschloß man sich, die Friedhöfe außerhalb der Stadt anzulegen.“

„Auch in anderen Bereichen ging es nicht so reinlich zu wie heute“, warf Vater ein. „Die Quellbäche der Lennepe flossen offen durch die Stadt, jeder schüttete Abwässer und Unrat hinein. Vom Bach gelangten die Giftstoffe durch Versickern ins Grundwasser und von da wieder in die Hausbrunnen, aus denen die Leute ihr Trinkwasser holten. Besonders schlimm war das in den tief im Tal liegenden Häusern, wo sich das meiste Wasser sammelte. An vielen Stellen in der Stadt roch es fürchterlich, denn man sammelte Schlamm in sogenannten Erdfängen der Quellbäche; den brauchte man als Dung für die Gärten, aber der Gestank war unangenehm und ungesund. Man mußte sogar einmal das Erdgeschoß des Schulhauses räumen, weil Lehrer und Kinder den Geruch nicht mehr ertragen konnten.“

„Die armen Schüler“, rief Peter, „da wäre ich gleich nach Hause gegangen. Wie das wohl damals war in der Schule? Und wie die Kinder so lebten? War das so wie bei uns heute?“

„Ich glaube kaum, daß die Kinder es so gut hatten wie ihr!“, antwortete Mutter lächelnd. „Durch die vielen Krankheiten, die Armut und die schwere Arbeit starben die Menschen oft in noch jungen Jahren, und viele, viele Kinder blieben als Waisen zurück. Dann hatten sie ein kümmerliches Dasein. Entweder gab man sie zu fremden Leuten, oder sie kamen ins Waisenhaus, auf jeden Fall mußten sie schon früh für ihren Unterhalt arbeiten. Aber auch die anderen Kinder, die noch Eltern hatten, wurden schon in frühem Alter an die Arbeit gestellt. Es gibt einen Bericht aus Lennep vom Jahre 1800, darin heißt es, es sei genug Arbeit für alle da, sogar die 5- bis 6-jährigen Kinder könnten sich ihr Brot mit Wollelesen und Wollekratzen verdienen. Damals war Kinderarbeit noch nicht verboten, und niemand achtete darauf, ob die Kinder dadurch an ihrer Gesundheit Schaden nahmen."

Als Mutter schwieg, drückte Karin sich fest an sie. „O Mutti", sagte sie, „ich bin doch froh, daß ich bei euch bin und heute lebe und nicht arbeiten muß!"

Vater lachte. „Warte nur", sagte er, „morgen früh müßt ihr auch ran. Ihr habt ja schulfreien Samstag, da könntet ihr Mutter zum Markt begleiten und ihr tragen helfen. Ich bin morgen bei Onkel Franz und helfe ihm umziehen."

„Das machen wir gern", meinten die Zwillinge, und Peter fügte hinzu: „Da ist ein Stand, der hat Bonbons zu verkaufen, die riechen immer ganz herrlich!"

„Dann wollen wir Schluß machen", mahnte Mutter. „Morgen heißt es früh aufstehen."

Lennep - eine Hansestadt

Als Vater am Samstagmorgen weggefahren war, machten sich Mutter, Karin und Peter auf den Weg zum Markt.

Unterwegs fiel Peter etwas ein. „Du, Mutti", fing er an, „Vater hat doch vorgelesen, Graf Heinrich hätte den Lennepern schon erlaubt, einen Markt zu haben. Ob es damals genauso wie heute auf dem Markt aussah?"

„Der Markt wird früher größer gewesen sein als heute", vermutete Frau Schmidt. „Es gab damals keine Geschäfte und Läden in der heutigen Art, auf den Märkten unter freiem Himmel wurde alles gehandelt.

Jede Woche war an drei Tagen Markt und einmal im Jahr ein siebentägiger Markt, so hat Vater vorgelesen. Lennep war damals eine wichtige Handelsstadt, die einzige zwischen Köln und Dortmund. Sie gehörte dem mächtigen Städtebund der Hanse an, man nannte sie eine „Hansestadt". Hier wohnten viele Kaufleute, auch Großkaufleute, die ihre Geschäftsfreunde und Handelspartner in Köln, in Dortmund, in Lübeck, ja bis nach Rußland hinauf hatten! Aber man handelte auch mit den benachbarten kleinen Orten, diese stellten ihre Waren auf dem Lenneper Markt aus, und die Lenneper Weber zogen mit ihren Tuchen zu den Kirmessen ringsumher. Die große Straße, die hier durchführte, machte das Reisen möglich. In Lennep herrschte immer reges Leben, es war Mittelpunkt für die Umgegend."

Von allen Seiten kamen jetzt Leute mit Taschen, Körben und Wägelchen. Mutter begrüßte einige Bekannte, Karin und Peter guckten sich die Stände an. Blumen, Obst, Gemüse, Fleisch, Geflügel, Eier, Käse, Fisch und Honig wurden angeboten, das frische Brot und die Bonbons dufteten, und die Händler riefen ihre Waren aus. An einer Ecke war ein kleiner Menschenauflauf, und die Kinder drängten sich neugierig dazwischen. Ein ‚Billiger Jakob' bot das neueste, todsicher wirkende Fleckenmittel an. Er führte vor, wie alle Flecken im Nu verschwanden, und dazwischen erzählte er Witze, die Peter sich gut merkte, um sie in der Schule weiterzuerzählen.

Nach dem Einkauf verteilte Mutter die vollen Taschen. „Da haben wir ordentlich zu schleppen", stöhnte Karin, „mit Vatis Hilfe geht es leichter."

„Vater schafft fleißig bei Onkel Franz", sagte Mutter. „Ich will heute nachmittag auch nach dem Hasenberg hinaufgehen, sie können sicher noch Hilfe gebrauchen. Aber jetzt wollen wir uns beeilen, ich glaube, es gibt Regen!"

Die drei kamen gerade noch trocken zu Hause an, aber als Mutter am Nachmittag zum Schneppendahler Weg ging, hatte es sich schon eingeregnet. Die Kinder überlegten, was sie anfangen könnten, als Elke auf einmal vor der Tür stand.

„Ich wollte so gerne mal das alte Buch von eurem Vater sehen, von dem ihr bei dem Rundgang mit Herrn Francke erzählt habt", bat sie. „Darf ich?"

„Aber klar", meinte Peter, „komm nur herein, wir haben Zeit und sind ganz allein, wir zeigen es dir."

Bald darauf blätterten die Kinder einträchtig im Buche und betrachteten die alten Bilder und Landkarten. Auf einmal rief Peter: „Guckt mal, da steht was vom Markt, heute morgen haben wir noch mit Mutti davon gesprochen."

„Wollen wir es mal lesen?", fragte Elke.

„Gut, aber jeder darf mal vorlesen", stimmte Karin zu. „Ich fange an."

Wilhelm und Anna erleben den Jahrmarkt

An einem Julitag des Jahres 1405, früh um sechs Uhr, öffnete sich die Tür einer kleinen Hütte in Hackenberg. Heraus traten eine Frau und zwei Kinder, ein Junge von etwa 13 und ein Mädchen von 10 Jahren. Die drei schauten sich um, die Sonne ging auf, es versprach, ein schöner Tag zu werden.

„Wie gut, daß der Regen aufgehört hat“, sagte die Frau fröhlich, „es wäre schade um die Eröffnung des Marktes gewesen!“

„Ach Mutter, wenn du nur mitgehen könntest! Frag' doch den Verwalter nochmal!“, bettelte die kleine Anna.

„Kind, es geht nicht, du weißt doch, daß die Katharina krank geworden ist. Die Tiere müssen versorgt, das Essen muß gekocht werden. Auf dem großen Hof hier gibt es halt immer Arbeit“, antwortete die Mutter. „Vielleicht wird es in den nächsten Tagen einmal möglich werden, der Jahrmarkt dauert ja sieben Tage.“

„Immer müssen wir für andere arbeiten“, murrte Wilhelm, „vor allem du! Aber sogar die Anna muß schon immer mit in die Küche, und ich werde auch dauernd gerufen vom Verwalter: ‚Wihelm tu dies, Wilhelm tu das!' Und was bekommen wir dafür? Gar nichts!“

„Das stimmt nicht, Kind“, erwiderte die Mutter. „Wohl muß ich besonders seit Vaters Tod recht schwer für unseren Unterhalt arbeiten – ach, es sind schon drei Jahre her, daß wir ihn verloren haben! Aber wir haben doch Nahrung und Obdach hier auf dem Hof, wir haben Holz genug für den Winter, und alle Jahre bekomme ich ein Kleid und auch für euch ein Gewand und Schuhe. Wolle zum Spinnen und Weben haben wir auch, es gibt Menschen, die ärmer sind als wir. Wir gehören zum Hof wie schon die Eltern und Urgroßeltern.“

"Aber der Herr Wallrave, dem der Hof gehört, der braucht hier gar nicht zu arbeiten“, fing Wilhelm wieder an. „Er und seine Frau kommen immer nur nachschauen, ob alles in Ordnung ist. Alle guten Dinge lassen sie sich in ihr Stadthaus nach Lennep bringen, und dort haben sie Schränke und Truhen voller schöner Sachen und voll Geld. Der Matthes hat gesagt, Wallravens hätten auch in Köln noch ein Haus. Und wir haben nur eine Hütte, die uns nicht mal gehört. Blasen hab ich an den Händen vom Heuaufladen – Herrn Wallravens Sohn hat das bestimmt nicht!“ Und Wilhelm streckte der Mutter die Hände hin.

Die aber schien jetzt ärgerlich zu werden. „Wilhelm“, sagte sie streng, „so darfst du niemals wieder sprechen! Nie habe ich deinen Vater so reden gehört. Laß das keinem anderen zu Ohren kommen, vor allem dem Verwalter nicht! Wallravens sind immer gut zu uns gewesen, ich will nicht meine Heimat hier auf dem Hof verlieren, weil du nicht arbeiten willst. Es gibt nun mal Reiche und Arme, Freie und Unfreie auf der Welt. Das war schon immer so; ich denke, Gott hat es so gewollt. Wir sind arme, unfreie Leute, aber wir sind ehrlich und arbeiten für unser Brot, so soll es auch bleiben. Auch Herr Wallrave wird seine Sorgen haben. Ich habe gehört, er habe mit der Stadt Köln einen großen Streit auszufechten, eine richtige Fehde, davon merken wir hier nur wenig. Und jetzt Schluß mit den traurigen Gedanken. Wolltet ihr nicht zum Markt, eure Gänse verkaufen?“

Aber Wilhelm war nicht so schnell zu beruhigen. „Ich glaube das nicht, was du gesagt hast“, rief er. „Ich glaube nicht, daß Gott will, daß es Reiche und Arme, Freie und Unfreie gibt. Gott will, daß alle glücklich sind, hat der Pfarrer gesagt in der Kirche. Warum kann ich nicht glücklich sein? Warum darf ich nicht in die Schule und lesen und schreiben lernen? Der Verwalter sagt immer: ‚Der Junge hat einen guten Kopf.' Aber wir haben kein Geld für die Schule. Aber Herrn Wallravens Sohn – der hat lesen und schreiben gelernt, das hat mir der Matthes gesagt.“

Die Mutter seufzte schwer. Seit drei Jahren quälte Wilhelm sie schon wegen der Schule. „Ach, Junge“, gab sie zur Antwort. „Wie gern würde ich dir den Wunsch erfüllen. Vor Jahren habe ich schon mit Vater darüber gesprochen, aber als er starb, konnten wir gar nicht mehr an so etwas denken. Du mußt ja dein Brot verdienen. Aber du darfst nicht so verbittert darüber werden. Wir müssen unser Leben so annehmen, wie Gott es schickt. Nun macht euch einen frohen Tag. Laßt euch nicht betrügen und achte auf Anna, denn es sind bestimmt viele Fremde in der Stadt. Am besten stellt ihr euch mit eurem Korb vor Wallravens Haus, dort könntet ihr im Notfall Schutz finden.“

„Mach dir nicht so viele Sorgen, Mutter“, rief Anna und umarmte die Mutter. „Wir passen schon auf und bringen dir auch was mit!“ Die Kinder eilten zum Stall und kamen mit einem schweren Korb zurück, aus dem man lautes Geschnatter hörte. Zwei Gänse saßen darin, die von den Kindern im letzten Jahr dick gefüttert und sorgfältig gepflegt worden waren. Anna hatte sie als Küken von Frau Wallrave geschenkt bekommen; sie waren frisch geschlüpft, und Anna hatte sich an den hübschen wolligen Tierchen nicht satt sehen können. Das ganze Jahr über hatte sie sie auf die Weide getrieben und ihr eigenes Brot mit ihnen geteilt. Eigentlich wollte sie sich nicht von ihnen trennen, aber das bare Geld, das sie bringen sollten, lockte doch sehr. So trugen die beiden nun vorsichtig den Korb zwischen sich und überlegten dabei eifrig, was sie wohl für den Erlös alles kaufen könnten. Unter solchen

Gesprächen kam ihnen der Weg zur Stadt gar nicht lang vor, obgleich er recht schlammig und aufgeweicht vom Regen der vergangenen Nacht war und die schweren Holzpantinen das Gehen nicht erleichterten.

Kurz vor dem Schwelmer Tor kamen die Kinder auf die große Straße. Dort herrschte schon reges Leben. Fußgänger mit Körben und Kiepen auf dem Rücken kamen an, Wagen hielten vor dem Tor und warteten auf Einlaß. Die Männer an der Stadtwaage, die Zoll- und Marktgelderheber konnten gar nicht schnell genug arbeiten, denn jeder Ankömmling drängte, bald seine Ware ausstellen zu können, um nicht gegen die am Vorabend Gekommenen in Nachteil zu geraten. Die Kinder schlüpften rasch durchs Tor, waren sie doch den Torhütern als Eigen-

hörige des Wallravenhofes gut bekannt. In der Stadt war noch mehr Gedränge als vor dem Tor, Wilhelm und Anna mußten den Korb gut festhalten, daß er ihnen nicht aus den Händen glitt.

Langsam kamen sie zum Markt durch. Die Straßen waren hier auch nicht besser als draußen, sie waren ungepflastert, aufgeweicht und schmutzig. Jeder kippte seinen Abfall hin, wo er wollte, doch hatte der Rat der Stadt den schlimmsten Unrat noch vor Beginn des Marktes abfahren lassen. Überall waren schon die Stände aufgebaut.

Da begannen die Glocken feierlich zu läuten, und vom Rathaus her bewegte sich ein festlicher Zug zur Kirche. Voran schritt der Bürgermeister Johann Plackail, gefolgt von den Ratsherren und Schöffen. Dann kam der Herr von Tzweiffel, der Hauptmann und erste Offizier der Burgmannschaft, die im Auftrag des Grafen von Berg die Stadt schützen mußte. Es folgten die Lenneper Ritter und Adligen, die reichen Kaufleute und Patrizier, Marktleute, Ackerbürger und Handwerker. Mit einem Gottesdienst sollte der Markt eröffnet werden. Wilhelm und Anna wären gerne mit in die Kirche gezogen – allein, wo sollten sie mit den Gänsen hin? Sie trugen den Korb vor Wallravens Haus und warteten, bis die Eröffnung begann.

Nach einiger Zeit kam der Zug wieder zurück. Voran zogen diesmal die städtischen Spielleute und musizierten. Als sie auf dem Marktplatz angekommen waren, verkündete der Ratsbote den Marktfrieden. Keiner durfte Streit beginnen, keiner durfte vor Gericht gestellt werden, außer er brach den Frieden. Ein Trommelwirbel beendete den Spruch, der Markt war eröffnet. Sofort begann ein frohes Leben und Treiben, Kaufen und Verkaufen, Handeln und Feilschen, Wiedersehen von Freunden und Bekannten. Viele Menschen eilten an den Kindern vorüber. Diese hatten den Deckel des Korbes etwas gelüftet und riefen laut ihre Ware aus, doch es blieb niemand stehen.

„"Wir müssen Geduld haben", meinte Anna. „Geh, Wilhelm", sagte sie, „sieh dir den Markt an, ich bleibe stehen, bis du mich ablöst!"

Wilhelm zögerte eine Weile, aber die Neugier siegte. „Verkauf sie nicht zu billig", rief er, dann war er in der Menge verschwunden. Es gab ja so vieles zu sehen! Da waren viele Stände mit dem rauhen Tuch, das in Lennep gewebt wurde, aber es gab auch kostbare Tuche und Pelze von weither. Messer, Schwerter, Teile von Rüstungen, Pflüge, Sicheln und andere Waren aus Eisen waren ausgestellt; Bänder, Spangen und Ketten glänzten in der Sonne. Woanders wurden Korn, Mehl, Salz und Gewürz, Wildbret, Geflügel und Eier angeboten. Auch einige Fässer mit Wein lagerten auf dem Markt. Und in einer Ecke brüllten Kühe und Ochsen, wieherten Pferde, grunzten Schweine und gackerte das Federvieh. Ein Gaukler führte allerlei Kunststücke vor, ein Quacksalber pries seine Heiltränke und Kräuter an, und ein Bader versprach, er könne kranke Zähne reißen und zur Aderlassen. Dazwischen drängten Bettler, Krüppel und Blinde, die auf milde Gaben hofften, und von derFerne hörte man die Klapper der Aussätzigen, die sich nicht unter die Leute mischen durften, und nur von weitem um ein Scherflein bettelten.

Es dauerte lange, bis Wilhelm alles gesehen hatte. Als er an einer Garküche den köstlichen Duft der vorbereiteten Speisen roch, merkte er, daß er hungrig war. „Vielleicht“, dachte er, „sind die Gänse verkauft, und wir können uns vom Erlös etwas zu essen holen.“ Langsam schlenderte er zu Anna zurück. Aber es hatte sich kein Käufer gefunden, und soviel nun beide riefen und anboten, die Erwachsenen eilten vorüber und achteten nicht auf die Kinder. Deren Freude war schon recht getrübt, und als es vom Kirchturm Mittag läutete und die vielen Menschen in die Garküchen und Gasthäuser eilten und es stiller auf dem Markt wurde, begann Anna bitterlich zu weinen. „Niemand will unsere schönen Gänse“, schluchzte sie, „wir werden sie wieder mitnehmen müssen. Was wird Mutter bloß sagen! Und ich habe solchen Hunger!“ Auch Wilhelm wußte keinen Rat und keinen Trost, die Enttäuschung über ihren Mißerfolg überwältigte beide mit Macht.

Um diese Zeit deckte man im Hause Wallrave eine festliche Tafel. Der reiche Kaufmann hatte einige vornehme Kunden zur Eröffnung des Jahrmarkts in sein Haus eingeladen. Jetzt kam er vom Rathaus herüber, wo er einer Verhandlung mit Neubürgern beigewohnt hatte, die die Absicht hatten, sich in Lennep niederzulassen. „Es sind tüchtige Leute“, sagte er zu seiner Frau, „er ist ein Schuhmacher und versteht sein Handwerk. Sie konnten das Bürgergeld für die Aufnahme in die Stadt bar auf den Tisch legen. Der Bürgermeister will sie annehmen, denn sie werden dazu beitragen, das Ansehen unserer lieben Stadt Lennep zu mehren.“

„Unsere Gäste müssen bald kommen“, meinte Frau Wallrave, „es ist alles vorbereitet.“ Beide traten ans Fenster, um Ausschau nach den Erwarteten zu halten. „Der Markt ist heute gut besucht, es wird viel bestellt werden, ich denke, ich muß nächste Woche reisen, um alle bestellten Waren zu besorgen und abzuliefern", überlegte der Kaufmann.

Da entdeckte Frau Wallrave die Kinder. „Sind das nicht Reinwards Kinder von unserem Hof in Hackenberg?“, fragte sie erstaunt. „Sie haben einen Korb mit, als ob sie etwas verkaufen wollten. Und das

Mädchen weint ja bitterlich! Und der Junge – wie sieht er finster drein!" Rasch schickte sie die Magd hinaus, die Kinder in die Küche zu holen.

Als Frau Wallrave eintrat und nach der Ursache des Kummers fragte, schluchzte Anna: „Ach, Herrin, niemand will unsere schönen Gänse haben. Ihr habt sie uns voriges Jahr geschenkt, und wir haben uns soviel Mühe mit ihnen gegeben. Aber es mag sie keiner kaufen!" Annas Tränen begannen wieder zu laufen, Wilhelm aber stand mit trotziger Miene da und sprach kein Wort. Es war ihm nicht recht, daß Frau Wallrave sie hereingeholt hatte. Doch diese faßte Annas Hand, zog sie auf einen Stuhl neben sich, fragte nach der Mutter, ließ sich von den Tieren erzählen und betrachtete die Gänse genau. Sie freute sich im Stillen, daß die beiden ihr Geschenk so in Ehren gehalten hatten und die Tiere so sorgsam aufgezogen hatten. Laut aber sagte sie: „Ihr kommt mir wirklich wie gerufen. Für unsere Gäste, die nachher kommen werden, habe ich gestern alles Federvieh schlachten lassen, das wir hier hatten. Ich kann die Gänse wirklich gut gebrauchen. Sie sehen gesund und fett aus. Ich nehme sie und werde sie euch gut bezahlen."

Anna klatschte vor Freude in die Hände, aber Wilhelm sagte plötzlich heftig: „Ihr braucht die Gänse nicht zu bezahlen, Herrin, sie gehören Euch doch sowieso. Es gehört Euch ja überhaupt alles, wir, die Mutter, der Hof, unsere Hütte, unsere Arbeit, unser Leben. Was machen da schon die Gänse aus!"

Erstaunt und aufmerksam sah Frau Wallrave den Jungen an. „Die Gänse hatte ich Anna geschenkt, sie gehören ihr, sie sind nicht mehr mein", antwortete sie. „Aber du, du scheinst nicht zu wissen, in welchem Ton man mit der Herrin spricht. Bist du nicht zufrieden, daß du so trotzig daherredest?"

„Das ist wegen der Schule", rief Anna dazwischen. „Bitte, Herrin, verzeiht ihm!"

„Wegen der Schule?" Frau Wallrave schüttelte den Kopf. „Wie soll ich das verstehen?"

Wilhelm blickte verdrießlich auf Anna, aber diese hatte jetzt ihre Schüchternheit überwunden, und voll Vertrauen erzählte sie, wie Wilhelm so gerne lesen und schreiben lernen wolle, wie er so klug in allen Dingen sei, wie aber die Mutter ihm nicht helfen könne, da sie so arm wären. „Er ist immer so verdrossen deswegen, Herrin", schloß sie , „er hat gar keine Freude mehr." 11

Frau Wallrave hatte genau zugehört, jetzt blickte sie Wilhelm nachdenklich an. „Es ist ein seltsamer Wunsch, den du da hast", sagte sie, "keiner aus deiner Familie hat jemals lesen und schreiben gelernt. Ihr habt seit Generationen auf dem Hof gearbeitet. Aber ich will einmal mit dem Herrn darüber sprechen, du wirst von uns hören in den nächsten Tagen. Du hättest aber deinen Wunsch auch selbst uns mitteilen können – du mußt noch lernen, dich höflich und mit guter Sitte zu betragen, das wird auch in der Schule von dir verlangt!"

Wilhelm wurde rot im Gesicht, aber nicht nur, weil er sich schämte. Er konnte kaum glauben, was Frau Wallrave ihm in Aussicht gestellt hatte – es könnte sein, daß er lernen dürfe. Eine große Erregung erfaßte ihn, er verneigte sich tief und sagte: „Gott segne unsere Herrin! Ich danke Euch!"

„Nun, wir werden sehen", schloß Frau Wallrave das Gespräch. Sie öffnete ein Beutelchen und reichte Anna einige Geldstücke. „Marie", wandte sie sich zur Magd, „gib den Kindern noch eine kräftige Mahlzeit, sie sind ja schon lange unterwegs, ich will jetzt nach den Gästen sehen."

Anna ergriff ihre Hand und küßte sie. „Euch will ich immer gerne dienen", rief sie, „Mutter sagt auch immer, Ihr wäret so gut!"

Nach dem Essen wäre Anna noch gerne über den Markt gelaufen, aber Wilhelm drängte nach Hause. Sie kauften für die Mutter einen süßen Kuchen und eilten schweigend heim. Die Mutter war noch bei der Arbeit, und sie konnte sich nicht genug wundern, als Wilhelm plötzlich neben ihr stand, ihr die schweren Eimer abnahm, das Holz zum Herd trug, die Küche fegte und andere Handreichungen verrichtete. Erst am Abend in der Hütte erzählten die Kinder von ihren Erlebnissen und von Frau Wallravens Versprechen. Anna konnte gar nicht fertig werden, die Herrin zu loben und von ihrer Not und Angst zuvor zu berichten, Wilhelm hingegen brachte vor innerer Spannung und Erwartung kaum ein Wort heraus. Die Mutter lauschte still und wünschte in ihrem Herzen, Wilhelm möchte nicht enttäuscht werden und nicht umsonst auf die Erfüllung des Versprechens hoffen.

Fast eine Woche war seit diesem Tage vergangen, als ein Knecht von der Stadt herauskam, um Wilhelm zu Herrn Wallrave zu holen. Der Junge nahm Urlaub vom Verwalter, wusch sich am Brunnen und schlüpfte in ein reinliches Gewand. Dann folgte er dem Knecht in stummer Erwartung.

„Geh' hier hinein!", sagte dieser, als sie angelangt waren, und schob den Jungen in eine große holzgetäfelte Stube, in der geschnitzte Truhen an den Wänden standen. Wilhelm blieb an der Tür stehen. Er blickte auf den Herrn, der am Tisch saß und in einem dicken Buch blätterte. Tief verneigte Wilhelm sich und wartete stumm. Herr Wallrave

wandte sich ihm zu und sprach: „Nun, Wilhelm, ich höre, du willst mir nicht mehr dienen, du dünkst dich zu Höherem geboren?“

„Es ist nicht, daß ich nicht mehr dienen will“, entgegnete der Junge, „es ist darum, daß ich etwas lernen möchte. Ich möchte lesen können und schreiben und viel wissen und etwas von der Welt sehen und hören.“

„Und was willst du mit deinen Künsten beginnen?“, fragte der Kaufherr.

„Ich weiß es noch nicht genau“, antwortete Wilhelm nachdenklich. „So ein Hansekaufmann zu werden wie Ihr, in die Welt zu reisen und viele Städte und Länder zu sehen, das könnte mir schon gefallen. Der Matthes hat mir erzählt, wie er mit dem Herrn Plackail in Nowgorod gewesen ist – ach, es muß schön sein, so weit herumzukommen und alles zu verstehen.“ Und sehnsüchtig blickte er auf die Landkarte, die eine Wand des Zimmers zierte. „Ein Gelehrter könnte ich auch werden", fügte er hinzu, „in Köln soll es eine große Universität geben!“

„So, so!“ Herr Wallrave lächelte freundlich. „Du hast ja große Pläne. Nun, Wilhelm, ich habe mich beim Verwalter erkundigt, er hält dich für einen hellen Kopf und einen fleißigen, anstelligen Jungen. Daher habe ich mit dem Pfarrer und dem Schulmeister gesprochen, sie wollen es mit dir versuchen. Schulgeld, eine anständige Kleidung und was du zum Schreiben- und Lesenlernen brauchst, will ich dir stellen, denn du sitzest unter den Söhnen aus den vornehmsten Familien der Stadt. Zu Mittag kannst du dir in unserem Hause von der Marie in der Küche eine Mahlzeit geben lassen. Mach mir aber keine Schande! Sollte ich hören, daß du nichts behalten kannst oder dir keine Mühe gibst, so gehst du als Knecht auf den Hof zurück. Solltest du guten Erfolg haben, so werde ich dich in den nächsten Jahren mit in mein Geschäft nehmen. Ich kann einen guten Gehilfen gebrauchen, der lesen, schreiben und etwas Latein kann. Dann wirst du mit mir reisen – nach Köln, nach Frankfurt zur Messe, vielleicht gar nach London zum Stapelhof der Hansebrüder. Wir werden sehen! Melde dich morgen früh beim Schulmeister an!“

Wilhelms Herz klopfte vor Freude, und er stotterte und verhaspelte sich in den Worten, als er Dank sagen wollte. „Na, laß nur Junge, es ist schon recht!“ sagte der Kaufherr. „Der beste Dank ist, wenn du gut vorankommst in der Schule. Laß dir jetzt von der Magd die bereitgelegten Schulkleider geben!“

In der Hütte in Hackenberg saßen am Abend drei glückliche Menschen. „Wie gut, daß wir die Gänse nicht los wurden“, meinte Anna, „sonst hätte Frau Wallrave nie von deinem Wunsch erfahren!“

„Und ich war dir erst noch böse, daß du ihr davon erzähltest!“ Wilhelm konnte sich selbst nicht mehr begreifen. „Ich danke dir, Anna, ohne dich wäre mein Wunsch niemals in Erfüllung gegangen.“

„Wir wollen Gott für alles Gute danken“, mahnte die Mutter. „Das dürft ihr nie vergessen! Und, Wilhelm, wenn du jetzt weiter kommst im Leben als deine Voreltern, dann vergiß mich und Anna nicht, die wir hier in der kleinen Hütte zurückbleiben werden!“

„Wie kannst du das denken!“, rief Wilhelm. „Ich werde euch immer besuchen und von jeder Reise etwas Schönes mitbringen!“

*

Peter, der zuletzt gelesen hatte, klappte das Buch zu. „Daß der so gern zur Schule gehen wollte“, brummte er vor sich hin, „ich freue mich immer auf die Ferien.“

„Der hatte aber keine Ferien, der Wilhelm“, widersprach Elke, „der mußte doch schwer arbeiten und das ohne Bezahlung, Und er wäre ja auch nie mal woanders hingekommen.“

„Ich gehe aber gern zur Schule“, mischte sich Karin ein. „Ich finde es gemein, daß damals nur reiche Kinder lernen durften, aber unsere Lehrerin hat mal gesagt, es gäbe Länder, in denen das heute noch so ist.“

„Ja, das stimmt“, sagte Peter, „das sind die Länder in der Dritten Welt. Dort ist das wirklich so, deshalb haben diese Kinder auch keinen richtigen Beruf und bleiben immer arm. Es ist doch besser, daß wir eine Schule haben.“

„Ich möchte mal wissen, wie es früher in der Schule war. Der Herr Francke könnte uns das doch mal erzählen, sollen wir ihn fragen?“, schlug Karin vor.

„Das ist eine gute Idee“, fanden die beiden, „vielleicht treffen wir ihn diese Woche mal!“

Lennep - eine Schulstadt

Als die drei Kinder am Mittwochnachmittag im Garten hinter dem Haus Verstecken spielten, guckte Herr Francke über den Zaun.

„Na, da sind ja meine Heimatforscher“, lachte er, „habt ihr schon was Neues entdeckt?“

„Guten Tag, Herr Francke“, grüßten die drei, und Elke fügte hinzu: „Gut, daß wir Sie sehen, wir wollten Sie unbedingt mal was fragen.“

„Na, denn mal los“, meinte Herr Francke gut gelaunt, denn der Forschungseifer der Kinder machte ihm Spaß.

„Wir haben gestern bei Schmidts in einem alten Buch von einem Jungen gelesen, der gerne in die Schule gehen wollte. Er war aber so arm, daß er kein Schulgeld hatte. Sein Herr, der Kaufmann Wallrave, hat ihn dann studieren lassen. Warum mußte man denn früher Geld für die Schule bezahlen? Und wie war es damals in der Schule? Hatten die Kinder die gleichen Fächer wie wir? Meine Mutter hat mal gesagt, die Kinder hätten Schläge bekommen, wenn sie etwas nicht konnten, stimmt das? Waren denn die Lehrer nicht so nett, wie Sie es sind? Hatten die Kinder damals Hausaufgaben auf?“

„Na, Elke, so schnell wie du fragst, kann ich gar nicht antworten“, sagte Herr Francke lächelnd. „Kommt ein bißchen herüber auf meine Gartenbank in der Laube, da erzähl' ich euch was von der alten Schule.“

Das ließen sich die Kinder nicht zweimal sagen, zumal Herr Francke so schöne Sommeräpfel hatte, die er gern verschenkte. Richtig! Als sie kamen, stand schon ein Körbchen mit Äpfeln auf dem Gartentisch. „Eine Stärkung beim Zuhören, ihr dürft zugreifen“, ermunterte der freundliche Nachbar. "Wann hat eigentlich der Junge gelebt, von dem Elke erzählt hat?"

„1405“, antwortete Peter, „er wohnte in Hackenberg.“

„Ja, von damals haben wir allerdings noch keine Nachricht über eine Lenneper Schule“, meinte Herr Francke, „der früheste Bericht ist von dem Jahr 1454. Aber wir dürfen wohl annehmen, daß es auch vorher in Lennep schon eine Schule gab, vielleicht schon bald nach der Stadtgründung. Ihr müßt wissen, daß die ersten Schulen in Deutschland Klosterschulen waren. Wer die besuchen wollte, wohnte auch im Internat am Kloster und kam nur selten nach Hause. Aber als die Städte entstanden, richteten die Bürger Stadtschulen oder Ratsschulen ein. Lennep war ja viele Jahre der bedeutendste Handelsplatz im Bergischen Land, die Kaufleute mußten lesen und schreiben können, um Briefe abzufassen, Verträge zu schließen und Rechnungen auszustellen. Auch die Ratsherren und Richter mußten Geschriebenes lesen können, es gab bestimmt bald nach der Stadtgründung eine Schule in Lennep."

„Was lernten die Kinder da alles?", fragte Elke.

„Nun, zunächst mußten sie lesen und schreiben lernen", antwortete Herr Francke, „das war wohl so wie heute auch. Die Schrift erlernte man meist aus der Bibel. Es gab nur wenige deutsche Bücher, sie waren fast alle in Latein, Griechisch oder Hebräisch geschrieben, den Sprachen der Gelehrten. Die Kinder mußten vor allem das Lateinische gut können, um die Bibel und die Schriften der Römer und Griechen lesen zu können. In vielen Stunden durfte nur Lateinisch gesprochen werden. Es gab aber auch Rechenunterricht, Singen und Musiklehre. Auch lernten die Schüler, frei zu sprechen, Reden zu halten und zu diskutieren. Jedes Jahr fand eine öffentliche Schulprüfung statt, da mußten alle zeigen, was sie gelernt hatten. Naturwissenschaften lehrte man erst seit 1750, Sport gibt es erst seit etwa 100 Jahren in der Schule, wenigstens hier in Lennep."

„Das hätte mir aber nicht gefallen, gar kein Sport und immer Lateinisch sprechen", meinte Peter. "Da wäre ich nicht gerne gegangen. Mußte man gehen? Der Wilhelm durfte doch gar nicht!"

„Nein, man mußte nicht", erwiderte Herr Francke. „In die Schule zu gehen, war das Vorrecht der Kinder von reichen und angesehenen Leuten. Es mußte ja Schulgeld bezahlt werden,wovon sollte der Lehrer sonst leben? Und die Schule mußte geheizt werden im Winter, man brauchte auch ordentliche Kleidung und Schreibmaterial – das hatten nicht alle Leute zur Verfügung. Die Kinder armer Eltern mußten auch schon früh mitverdienen und zum Unterhalt der Familie beitragen. Eine allgemeine Schulpflicht für alle Kinder gibt es erst seit dem Jahre 1825 - da war unsere Lenneper Schule schon viele hundert Jahre alt, aber auch dann lernten noch nicht alle lesen und schreiben. Doch darf man wohl sagen, daß es hier in Lennep allezeit Bürger gegeben hat, die ein Herz für arme begabte Kinder hatten und ihnen ermöglichten, die Schule zu besuchen."

„So wie Herr Wallrave in der Geschichte vom Wilhelm!", rief Karin.

„Ja, ganz recht", entgegnete Herr Francke. „Aber es gab noch andere Möglichkeiten. Aus dem Jahre 1500 wird uns von den Eheleuten Bernd und Grete Hölterhoff berichtet. Sie stifteten 500 Taler für arme Schulkinder und setzten nochmals eine Rente von jährlich 8 Talern für solche Fälle aus, man nannte das ‚die Bernds Greiten Rente'.

Alte Lateinschule. Holzschnitt 1524.

Dann wissen wir von einem Bürgermeister Halbecker, der Land und Vieh herschenkte, damit der Schulmeister von der Pacht ein kleines Einkommen habe – er konnte von dem geringen Schulgeld der Kinder nicht leben. Man nannte diese Stiftung die Antoniusvikarie. Immer wieder können wir in den alten Chroniken von solchen Stiftungen der Lenneper Bürger für ihre Schulkinder und Schulen lesen. 30.000 Taler haben sie im vorigen Jahrhundert gesammelt für den Bau der jetzigen Freiherr-vom-Stein-Schule, und den Baugrund dazu haben die Familien Hardt und Wülfing geschenkt. Ihr seht, die Lenneper haben es sich etwas kosten lassen, kluge Kinder zu haben. Die Zahl der Schüler nahm auch stetig zu. Erst gab es hier nur einen Lehrer, 1563 brauchte man schon zwei, und 100 Jahre später waren es drei – aber dabei habe ich die Klosterschule noch gar nicht mitgerechnet. Die Lehrer waren aber nicht Schulmeister wie heute, sondern anfangs unterrichteten Geistliche, der Küster oder der Glöckner. Der erste Lehrer, von dem wir wissen, war Martin Henkel, den die Kinder „Herr Märten" nannten. Später war er dann Pfarrer in Lennep. Aber wißt ihr auch, wie der berühmteste Schulrektor von Lennep hieß?"

Die Kinder schüttelten den Kopf.

„Das wißt ihr nicht? Er hieß Daniel Christian Francke!"

Jetzt lachten die drei hell heraus. „Sie wollen uns wohl verulken?", meinte Karin. „Oder war das Ihr Urgroßvater?", rief Peter.

„Das nicht", antwortete Herr Francke. „Verwandt bin ich nicht mit ihm, aber doch ganz stolz, daß ich seinen Namen trage. Er war 27 Jahre Rektor der Lenneper Lateinschule, beim großen Stadtbrand 1746 brannten seine Schule und seine Wohnung ab, und er verließ Lennep. Unter seiner Leitung hatte die Schule einen solch guten Ruf, daß die Schüler sogar von Holland und von der Schweiz hierher kamen!"

„Bei Ihnen haben aber die Kinder bestimmt auch viel gelernt", sagte Elke tröstend.

„Ich hoffe es", lachte Herr Francke. „Aber jetzt zeigt mal, was ihr in der Schule gelernt habt. Welche Schulen gibt es heute in Lennep?"

„Das weiß ich doch", rief Peter. „Auf dem Hasenberg und dem Hackenberg gibt es zwei Grundschulen, dann gibt es noch die katholische Grundschule „Am Stadion" und die Freiherr-vom-Stein-Schule. Die Großen gehen in die Hauptschule in der Leverkuser Straße oder in Hackenberg oder in die Realschule oder ins Röntgen-Gymnasium. Das mußten wir in der Schule lernen."

„Es gibt noch zwei Schulen für behinderte Kinder, die Schule für Lernbehinderte in der Kölner Straße und die für Geistigbehinderte in

Hackenberg", erklärte Karin.

„Da habt ihr ja gut aufgepaßt", lobte Herr Francke, „ihr habt keine Schule vergessen. Aber das gehört sich auch so für richtige Heimatforscher. Wollt ihr sonst noch was wissen?"

„Ja, ob früher die Lehrer streng waren?", fragte Karin.

„Strenger als heute ging es schon zu", nickte Herr Francke Karin zu. „Da hat Elkes Mutter recht. Es gab mehr Strafen und auch Schläge, manchmal mußten die Kinder in der Ecke stehen und ganz früher sogar knien. Manche Lehrer zogen die Kinder an den Haaren oder ließen sie lange Strafarbeiten schreiben, und meistens bekamen sie dann zu Hause von den Eltern nochmals eine Strafe. Auch die Unterrichtszeit war länger. Von der Lateinschule wird berichtet, daß täglich von 8 bis 11 Uhr und von 13 bis 16 Uhr unterrichtet wurde. Abends hatten die Schüler dann noch zwei Stunden Silentium, das ist etwas ähnliches wie Hausaufgaben. Dazwischen mußten die Schüler auch in der Kirche mitwirken, z. B. Beerdigungen begleiten oder singen bei Feiern. Aber so ganz schlimm war es auch nicht – die meisten Lehrer waren für ihre Schüler Freund und Helfer, sonst hätte die Schule nicht solch gutes Ansehen gehabt! Es gibt auch viele lustige Schulgeschichten, vor allem aus dem vorigen Jahrhundert kennen wir noch welche von den alten Leuten."

„Erzählen Sie doch", baten die Kinder.

„Nun, da soll ein kurzsichtiger Zeichenlehrer gewesen sein, bei dem schlichen sich die Schüler aus den letzten Bänken heimlich fort, während er in den vorderen Bänken die Zeichnungen nachsah, er hat es gar nicht gemerkt, daß die Kinder fehlten. Dann gab es den dicken Rektor Fischer, der mit seinen Schülern beim Wandern über den Weidezaun kletterte. ‚Wer das nicht schafft, ist ein Ochse!', soll er gesagt haben. Auf einmal blieb er selbst hängen, und das beunruhigte Weidevieh kam herangestürmt. Herr Fischer wurde mit Hilfe der Schüler gerettet, aber nachher fragten alle: ‚Wer ist denn hier der Ochse?' Das soll er aber nicht übelgenommen haben. Die Mädchen wußten zu erzählen, wie sie ihre Lehrerin, Fräulein Evertsbusch, beim Schlittenfahren in den Schnee warfen und auch sonst allerlei Schabernack mit ihr trieben – ihr seht, auch damals war es oft lustig in der Schule."

„Aber so schön wie heute waren die Schulen nicht", warf Elke ein, „meine Mutter sagt, sie seien 60 Kinder in der Klasse gewesen und hätten ganz alte Bänke gehabt."

„Manchmal waren sogar 100 Kinder in einem Raum", bestätigte Herr Francke. „Die Schulen waren nicht in solch schönen Gebäuden wie heute untergebracht. Oft waren die Räume zu eng und feucht und dumpf, aber die Wohnungen der Menschen waren damals auch nicht viel besser. Ja heute, da gibt es schöne Einrichtungen – da bekomme sogar ich alter Lehrer zuweilen Lust, nochmal zu unterrichten." Herr Francke schien ein bißchen traurig zu werden – die Kinder standen leise auf, und Peter sagte: „Zum nächsten Schulfest laden wir Sie ein!"

„Danke, Peter, da komm' ich bestimmt", gab Herr Francke zur Antwort.

Lennep – eine Stadt an der großen Straße

Als Vater Schmidt am Freitag gegen Abend nach Hause kam, sagte er gut gelaunt: „Das schöne Spätsommerwetter soll bleiben, wie wäre es mit einer Wanderung am morgigen Samstag, aber mit Rucksack und Picknick im Walde?"

Alle stimmten begeistert zu, und Mutter schlug vor, sofort mit den Vorbereitungen zu beginnen. Die ganze Familie half mit. Peter und Karin kauften ein, Mutter kochte Tee mit Zitrone und briet Koteletts, Vater schmierte Brote. Zum Schluß wurden die Rucksäcke gepackt, und Mutter steckte überall noch etwas Obst und Schokolade hinein. Um 20 Uhr saßen alle vor dem Fernsehapparat und warteten gespannt auf die Wetterkarte. Vater behielt recht, ein Hochdruckgebiet lag über Mitteleuropa, und Mutter meinte: „Laßt uns früh schlafen gehen, damit wir rechtzeitig aufbrechen können."

„Wo wandern wir eigentlich hin?", fragte Peter, als er sah, daß Vater die Wanderkarte vom Bergischen Land hervorsuchte.

Aber Vater tat geheimnisvoll. „Wir entdecken unsere Heimat", gab er zur Antwort, mehr war nicht aus ihm herauszubringen. Am nächsten Morgen erwischte Peter den Vater, wie er heimlich das alte Buch in den Rucksack verstaute, und er fragte: „Willst du uns beim Wandern etwas vorlesen?" Vater legte den Finger auf den Mund und flüsterte: „Kannst du schweigen?" Peter nickte eifrig. „Ich auch", sagte Vater lachend und ließ den verdutzten Peter stehen.

Um halb neun waren die vier Wanderer unterwegs und bogen an der Kreuzung Rader/Ringstraße in die neuen Anlagen im Lennepebachtal, die früheren Lenneper Wiesen, ab. „In diesem Tal haben schon die ersten Ansiedler Gras gemäht und Heu gemacht", erzählte der Vater. „Es soll so fruchtbar gewesen sein, daß man in manchen Jahren viermal schneiden konnte."

„Wo ist denn hier die Lennepe?", fragte Karin.

„Die fließt heutzutage unter der Erde, man hat sie in Rohre gefaßt", antwortete der Vater. „Sie dient als Kanal und muß alle Abwässer der Stadt mitnehmen. Dort hinten kommen wir an die Kläranlage, da wird das Kanalwasser gereinigt, und der gesäuberte Lennepebach kann weiterfließen, bis er bei Krebsöge in die Wupper mündet. Aber in einigen Jahren wird sich alles verändern, wenn die große Wuppertalsperre erst fertig ist. Die neue Straßenführung und eine der Brücken könnt ihr schon sehen."

„Was sind das für alte Häuser da drüben?", wollte Karin wissen.

„Das ist das alte Wasserwerk", erwiderte Vater Schmidt. „Dort ist eine Pumpstation, und dort wird auch das Wasser der Talsperre gereinigt, bevor es in die Hochbehälter der Knusthöhe gepumpt wird und dann in die Leitungen der Häuser fließt. Hier unten heißt die Gegend übrigens immer noch Wassermühle oder Jakobsmühle wie in alten Zeiten, als hier eine Walkmühle der Tuchmacher stand."

„Das hat uns Herr Francke schon erzählt", warf Peter ein.

Nun machte der Weg eine Biegung, und die vier wanderten durchs Panzerbachtal bis zur Lenneper Talsperre. An der Sperrmauer machten sie die erste Pause.

„Von hier bekommen wir einen Teil unseres Trinkwassers", erklärte der Vater. „Es ist die zweitälteste Talsperre im Bergischen Land, sie wurde 1893 erbaut. Die Mauer hält das Trinkwasser des Panzerbachs zurück, daß es nicht abfließen kann, und man entnimmt soviel, wie man braucht."

„Warum ist eigentlich ein Zaun um die Talsperre?", fragte Karin.

„Das ist doch Trinkwasser", sagte Peter, „da könnte ja sonst jeder Schmutz hineinwerfen, dann würden wir krank werden."

„Wißt ihr auch, daß der Baumeister, der die Mauer erbauen ließ, genauso hieß wie wir? Albert Schmidt war sein Name, nach ihm wurde die Albert-Schmidt-Allee genannt, und er hat noch ganz bekannte Bauten in Lennep errichtet, z.B. das alte Hallenbad und heutige Jugendzentrum, das ehemalige Rathaus in der Bahnhofstraße, in dem jetzt das Amtsgericht ist, und Teile der Kammgarnspinnerei", erzählte Vater. „Aber jetzt geht es weiter, wir haben noch viel vor."

Die Wanderung führte durch den kühlen, schattigen Lenneper Stadtwald bergan zum Höhenweg, über die Borner Straße und den alten Berg bis ins Eschbachtal. Hier gab es überall Bänke, und Mutter entdeckte einen hübschen Platz zum Picknick. „Es schmeckt mir viel besser als zu Hause", meinte Karin, und die beiden turnten frischgestärkt über gefällte Baumstämme, sammelten Eicheln und Bucheckern, warfen kleine Steine in den Bach und beobachteten die Ringe und Kreise, die im Wasser entstanden. Es roch nach Pilzen, Pflanzen und Moder, die Erlenstämmchen glänzten silbrig in der Sonne, und der Eschbach gluckerte leise zu Tal. Schmidts verweilten lange an dem sonnigen, warmen Platz, aber schließlich mahnte Vater zum Aufbruch: „Wir wollen mal schauen, wo der Eschbach bleibt", sagte er. Und Peter rief: „Ich glaube, der muß auch eine Talsperre füllen, ich habe das schon mal in der Schule gehört!"

„Prima, Peter, du hast gut aufgepaßt!", antwortete der Vater. „Der Eschbach füllt die älteste Talsperre Deutschlands, wir sagen auch Remscheider Talsperre dazu. Sie wurde noch zwei Jahre vor der Lenneper Sperre erbaut."

„Da ist aber wenig Wasser drin", meinte Mutter, als sie an der Sperre ankamen, „sie ist ja nur zum Teil gefüllt."

„Es ist nicht so schlimm", beruhigte sie Vater Schmidt, „in solchen Fällen öffnet man die unterirdische Verbindung zur großen Neyetalsperre bei Wipperfürth, da fließt genügend Wasser nach."

„Eine unterirdische Verbindung", rief Peter, „die möchte ich mal sehen!"

„In diese Stollen kommt man nicht hinein", antwortete Vater, „das wäre auch zu gefährlich. Aber das Rohrsystem ist 15 km lang." Er bog in den südlichen Rundweg ein. Wildenten schwammen auf dem Wasser, dicke Karpfen zogen ihre Bahn, und am Ufer sah man Wasserratten in ihre Löcher schlüpfen. Da entdeckten die Kinder Schilder an verschiedenen Bäumen, und Mutter sagte: „Hier ist ein Waldlehrpfad eingerichtet worden, da könnt ihr viel über unsere Pflanzenwelt lernen."

Eifrig liefen die beiden von Schild zu Schild, jeder wollte zuerst vorlesen, als Peter plötzlich rief: „Auf diesem Schild steht nichts von

Pflanzen und Tieren, hört mal zu!

‚Alte Heerstraße Köln - Lennep - Dortmund. Noch im 16. *Jahrhundert führte die Alte Kölner Straße quer durch das obere Eschbachtal hindurch und nicht wie die heutige Landstraße (B* 51) *in einem weiten Bogen über die Höhe von Bergisch-Born um die Quellgebiete des Eschbachs herum. Die alten, im Laufe der Jahrhunderte wechselnden Hohlwege sind beiderseits der Talsperre - wie auch an dieser Stelle - noch deutlich zu erkennen. Die*

ehemalige Furth über den Eschbach und die Stelle, an der sich früher eine Fußgängerbrücke, der sogenannte Iskessteg befand, liegen heute unter dem Wasserspiegel der Talsperre. Der alte Wegezug führte weiter westlich vom „Steinernen Kreuz“, ostwärts der Siedlung Grenzwall und am Greueler Hof vorbei nach Lennep.

Stadtarchiv und Stadtforstamt Remscheid.'“

Man sah eine tiefe Rinne den Berg herabkommen, und Karin sagte staunend: „Das soll mal eine Straße gewesen sein? In den Rinnen sind die Wagen ja umgekippt!“

„Das ist auch oft genug passiert“, erwiderte die Mutter. „Das Reisen war wahrlich kein Vergnügen in der alten Zeit. Für Menschen und Pferde war es gefährlich.“

„Aber die Straße hört ja hier am Weg auf, oder ging sie früher ins Wasser?“, fragte Peter ungläubig.

Vater lachte. „Die Straße ist viel älter als die Talsperre, Peter“, erklärte er, „sie führte hinunter ins Tal des Eschbachs und durch eine Furth ans andere Ufer. Für Fußgänger gab es den Steg. Aber ich glaube, ihr habt noch gar nicht verstanden, daß das hier die Reste der alten berühmten Straße sind, von der ihr schon so oft gehört habt!“

„Das kann man auch kaum glauben! Das soll eine berühmte Straße gewesen sein?“ Peter hatte sich das anders vorgestellt. „Geht sie denn wirklich nach Lennep?“, wollte er wissen.

„Paßt mal auf“, sagte Vater, „wenn wir auf der anderen Seite der Talsperre sind, werden wir sie wiederfinden und ihr nach Lennep folgen, soweit es noch möglich ist.“

Aber es gab bis dahin noch allerlei zu sehen: Das Hotel mit dem Parkplatz, die Autobahn, die Sperrmauer mit dem tiefen Überlauf und das Denkmal des Robert Böker, der den Bau der Talsperre vorgeschlagen und vorangetrieben hatte.

„Wenn wir durchs Eschbachtal weiterwanderten, kämen wir ans Wasserwerk, ans Strandbad und schließlich nach Schloß Burg,“ erzählte der Vater.

„Da wollen wir auch mal hin, du hast es versprochen“, erinnerte Karin. Als sie die Sperrmauer überschritten hatten, stieg der Weg an, und nach einer Weile entdeckten die Kinder wieder die tiefen Rinnen und riefen: „Da geht die Straße weiter!“ Sie stiegen in der Rinne aufwärts, Peter lief voraus. „Hier ist das Steinerne Kreuz, von dem etwas auf dem Schild stand“, rief er plötzlich, „es steht auch was darauf geschrieben.“

Während die Kinder versuchten, die Inschrift des Kreuzes zu entziffern, setzten sich die Eltern auf eine Bank. „Man kann nichts mehr lesen“, sagte Peter enttäuscht, nachdem sich beide bemüht hatten, die alten verwitterten Buchstaben zu erkennen.

„Da ist wieder eine Tafel am Baum.“ Karin wollte schon hinlaufen, als Peter sie zurückhielt. „Guck mal, was Vater macht“, sagte er. „Der hat das alte Buch herausgeholt. Steht da was von dem Kreuz drin, Vater? Hast du deshalb das Buch mitgenommen?“

„Ja, Kinder, ich wollte euch hier im Wald etwas vorlesen von der alten Straße und dem Kreuz hier, habt ihr Lust zuzuhören?“

„Eine tolle Idee“, meinten die Zwillinge. Mutter verteilte noch die Reste vom Picknick, und nach der Stärkung hockten sich alle eng zusammen und Vater begann zu lesen.

Hans fährt auf der großen Straße

Im Juli 1626 konnte der Hans Jäger aus Wermelskirchen eine ganze Nacht nicht richtig schlafen. Unruhig wälzte er sich auf dem Strohlager herum, das er mit dem kleinen Bruder teilte. Immer wieder horchte er auf die Geräusche im Haus und schaute zum Fenster, ob es nicht endlich hell würde, sollte er doch am nächsten Tag mit seinem Vater, dem Fuhrmann Theis Jäger, auf Reisen gehen. Wie lange hatte er sich auf diesen Tag gefreut, wie oft schon im großen Fuhrhof Wermelskirchen beim Anschirren und Versorgen der Pferde, beim Beladen und Reinigen der Wagen geholfen! „Ein rechter Fuhrmann muß alles können, wenn er weite Reisen machen will“, sagte Vater immer.

Da knarrte die Tür, und die Stimmen der Eltern waren auf der Treppe zu hören. Schnell sprang Hans aus dem Bett und fuhr in die Kleider. Der kleine Bruder wurde auch wach. „Ach, Hans, ich möchte auch mit“, bettelte er und setzte sich auf. „Wenn du groß bist , tröstete Hans, „dann darfst du auch fahren, aber ich bring' dir auch was Schönes mit! Schlaf jetzt noch weiter!“ Und schon war er in der Küche, wo die Mutter das Feuer angezündet hatte und die Morgensuppe kochte. „Na, Hans, schon fertig?“, lachte sie, „du freust dich wohl sehr?“ „Und ob, Mutter!“, rief der Junge. „Hoffentlich kommst du gesund wieder in diesen schlimmen Kriegszeiten!“, seufzte die Mutter. „Ich werde schon achtgeben auf ihn“, versprach der Vater, der gerade hereinkam, „er ist ja schon dreizehn und hat noch nichts von der Welt gesehen, einmal muß er sich den Wind um die Nase wehen lassen und anfangen.“

Vater Jäger war am Abend zuvor von Köln zurückgekommen, den Wagen voll mit Weinfässern beladen. Er sollte sie für einen Kölner Kaufmann nach Dortmund bringen und auf dem Rückweg Salz und Lenneper Tuche mit nach Köln nehmen. Der beladene Wagen stand von zwei Knechten bewacht im Fuhrhof. Zwei andere Knechte sollten sie begleiten, denn die Zeiten waren schlecht und das Fahren gefährlich. Überall gab es Wegelagerer und wegen des Krieges, der im Lande herrschte, zogen oft Soldaten durch, die mitnahmen, was sie kriegen konnten und Kauf- und Fuhrleute erschlugen, als wäre es Ungeziefer.

Die Sonne schien warm, als die vier aufbrachen. Alle waren guter Dinge. Zwei starke, gut ausgeruhte Pferde zogen kräftig, und Vater Theiß stimmte das alte bergische Fuhrmannslied an, das alle vergnügt mitsangen. Kurz hinter Wermelskirchen bog die Straße abwärts ins Eschbachtal. Tief ausgefahren waren die Rinnen, der Wagen rollte durch einen richtigen Hohlweg. Unten am Eschbach hatte der Regen der letzten Tage das Ufer aufgeweicht, und Pferde und Wagen sanken tief in den Schlamm, bis sie endlich durch eine Furth auf die andere Seite des Baches gelangten. Vom Iskessteg winkten ihnen einige Fußgänger zu und wünschten glückliche Fahrt.

Alter Frachtwagen.

„Hier müßte auch mal was an der Straße getan werden", murrte Claeß, der alte Fuhrknecht. „Lennep und Wermelskirchen bezahlen den Landzoll an die Regierung, aber sie tut nichts für unsere Straße." „Die Regierung führt Krieg, Claeß", antwortete Vater Theiß, „die hat andere Sorgen. Aber die Stadt Lennep tut auch nichts, obgleich sie uns Fuhrleuten Wegegeld abnehmen darf, um die Straße in Ordnung halten zu können. Ja, es ist seit Jahren ein rechter Ärger mit der Straße. Besonders im Winter ist es schlimm. Wie oft haben wir nicht schon bei Eis und Schnee die Wagen mit Hilfe von Hebebäumen und Winden die steilen Strecken hinunter- und hinaufgebracht! Und manches gute Pferd hat sich schon die Glieder gebrochen! Nun heute ist es ja trocken – Gott gebe uns eine glückliche Fahrt!"

Während des Gesprächs hatten die Pferde den Wagen ein gutes Stück bergauf gezogen.

„Schau, Vater, dort drüben", rief Hans, „ein Kreuz aus Stein, mitten im Wald!"

„Ja, hier ist ein Bote ermordet worden, der Geld von Lennep nach Köln bringen sollte", erwiderte der Vater. „Josef Weizels hieß er, und die böse Tat passierte am 17. Oktober 1554, vor 70 Jahren also. Zwei Räuber lauerten dem Boten auf, überfielen und ermordeten ihn, als er sich wehrte, und nahmen ihm das Geld weg. Man hat sie aber am gleichen Abend erwischt und das kam so: Während des Überfalls flog ein Schwarm Krammetsvögel in die Höhe, die Tiere waren durch den Lärm erschreckt worden. Da rief der sterbende Bote: „Ihr seid meine Zeugen, ihr Vögel, rächt mich!" Die Mörder lachten darüber – wie sollten wohl Vögel etwas bezeugen! Als sie aber am Abend in Bergisch Born in einer Gaststätte sich ein Essen geben ließen, brachte der Wirt eine große Schüssel gebratener Krammetsvögel auf den Tisch. Da entschlüpfte einem der Räuber die Bemerkung: „Na, die verraten uns nicht mehr!" Die beiden lachten laut über den Witz. Der Wirt aber hatte die Bemerkung gehört, und er schöpfte Verdacht, denn von dem Mord war schon mittags in der Gaststätte erzählt worden, man hatte den Boten schon gefunden. Heimlich sandte der Wirt einen Knecht nach Schloß Burg zum Amtmann. Der schickte noch in der Nacht Männer, die die beiden festnahmen. In Köln stellte man sie vors Gericht. Sie sollen die Tat zugegeben haben und wurden hingerichtet. Ja, Gott läßt seiner nicht spotten, Hans. Wir müssen auf rechten Wegen bleiben. Das Kreuz hier hat man später für den Josef Weizels zum Gedenken errichtet."

Hans hatte gespannt zugehört, ganz unheimlich war es ihm geworden. Es war wohl doch gefährlich, so durch die Welt zu reisen! Und er war froh, nicht allein zu sein. Die Pferde liefen jetzt schneller, denn sie hatten die Höhe erreicht. Weit schweifte der Blick über die Berge zu einigen Gehöften und einem Kirchturm auf der anderen Talseite. „Das ist Remscheid", sagte Claeß zu Hans, „in den Tälern ringsherum gibt es viele Schmieden und Wasserhämmer."

Aber der Wald schob sich wieder vor, und bald wurde der Weg so schmal, daß keine zwei Wagen aneinander vorbeikonnten. Man sah aber mehrere Rinnen, die der Gegenverkehr sich gebahnt hatte. „In denen fahren wir in wenigen Tagen zurück", erklärte Vater Theiß, und alle winkten grüßend einigen Fuhrleuten zu, die ihnen mit ihren Wagen entgegenkamen. „Na, ist die Luft rein?", rief Theiß den anderen zu. „Wohl, wohl", kam die Antwort, „die spanischen Reiter, die sich hier herumtrieben, sind vor drei Tagen Richtung Köln geritten. Sie sollen bei Schlehbusch ihr Lager haben und dort ihr Unwesen treiben."

So sah Erich Philipp Ploennies die Stadt Lennep in Jahre 1715.

„Dann können wir beruhigt weiterfahren", meinte Theiß zu den Knechten, „aber ob ich dich dann auf der Heimreise mit bis Köln nehme oder in Wermelskirchen bei der Mutter lasse, das weiß ich noch nicht", fügte er zu seinem Sohn gewandt hinzu. Zu Hause hätte Hans bestimmt aufs Mitfahren gedrängt, aber jetzt schwieg er. Er dachte an den Josef Weizels und meinte schließlich: „Vielleicht sind die schon weg, bis wir zurückkommen – ich würde ja gerne die Stadt Köln sehen!"

Die Straße stieg weiter an. Man sah den alten Birgdener Hof und den Greuelhof liegen, dann kamen sie an eine Linde. „Hier beginnt die Bannmeile von Lennep", erklärte Theiß, „alles, was ab hier auf der Straße passiert, untersteht dem Lenneper Gericht." „Gut, daß wir zweitüchtige Pferde haben, die ordentlich ziehen können, sonst müßten wir noch einen Vorspanndienst bitten, uns den steilen Hang zur Trecknase hochzutrecken", meinte Claeß. „Ach, deshalb heißt die Stelle hier Trecknase?", fragte Hans. Der Vater nickte.

Endlich tauchten die Stadtmauer von Lennep und das Kölner Tor vor ihnen auf. Hans staunte und freute sich, solch stattliches Tor hatte er noch nicht gesehen. Er war gespannt auf die Stadt. An der Vorpforte mußte Vater Theiß sich ausweisen und das Wegegeld zahlen. Dann rollte der Wagen durchs Tor bis zum Markt. „Eine Pause wird uns guttun", meinte Theiß.

Claeß versorgte zuerst die dampfenden Pferde. Er deckte sie warm zu und hing ihnen den Hafersack um. Dann nahmen sie alle in einer Garküche einen Imbiß. „Du kannst dich hier umsehen, Hans", sagte der Vater, „ich will noch beim Herrn Zunftmeister fragen, wann wir auf dem Rückweg die Tuche abholen können."

Claeß begleitete Hans durch die Stadt, der andere Knecht hatte alte Freunde in der Garküche getroffen. Die beiden wanderten neugierig umher. Viele Gassen und Straßen gab es hier, und sie führten alle zum Markt. Die Kirche war von Mauern umgeben, in denen sich auch der Friedhof befand. Auch Rathaus, Schule und Pfarrhof wurden durch die Mauer wie in einer Burg geschützt. „Die letzte Zuflucht in Notzeiten", meinte Claeß. Viele Häuser waren groß und stattlich, einige sogar aus Stein erbaut. Hans wunderte sich über die vielen Gasthäuser und Garküchen.

„Lennep ist nach dem Brand von 1563 schön wiederaufgebaut worden", erzählte Claeß, „früher war alles enger. Damals sind 25 Menschen ums Leben gekommen, als sie die Glocken vom Kirchturm retten wollten, die halbe Stadt war zerstört. Jetzt hat man die Straßen breiter gemacht und mehr freie Plätze geschaffen. Den alten Bongartshof hat man nicht mehr aufgebaut. Der Platz wurde an die Tuchmacher

vermietet zum Aufstellen der Rahmen, wenn sie ihre Tuche trocknen wollten.

„Ach so, dafür sind die Rahmen, die hier überall stehen, ich habe mich schon gewundert, was sie wohl bedeuten mögen“, meinte Hans.

„Unser gnädiger Landesherr hat den Lennepern viel Vorrechte gegeben, damit sie die Stadt aufbauen konnten“, erzählte Claeß weiter. „Jede Woche ist hier Markt und sogar dreimal im Jahr ein siebentägiger Jahrmarkt. Da kommen viele Kaufleute her, die müssen alle essen und schlafen. Deshalb gibt es auch so viele Gaststätten, du hast dich ja eben darüber gewundert. In den Steinbauten, den Steingademen, wohnen die Offiziere der Burgmannschaft, und in den steinernen Scheunen liegen die besonders wertvollen Waren der Kaufleute. Ja, Lennep ist eine rechte Handelsstadt und eine Tuchmacherstadt dazu!“

Als sie wieder zum Markt kamen, bewunderten sie den herrlichen alten Hagedorn, einen riesigen Baum, der den Platz schmückte, aber plötzlich entdeckte Hans einen schwarzen Pfahl mit Ketten. „Der Schandpfahl für die Verurteilten“, erklärte Claeß, „hier werden sie angebunden, daß jeder sie sehen und verspotten kann.“ Wieder wurde es Hans gruselig zumute – es gab doch vieles in der Welt, was einem Furcht einjagen konnte!

Eine Stunde später fuhren sie durchs Schwelmer Tor hinaus. Links auf dem Berg sahen sie die Windmühle, die 1551 erbaut worden war. Ein Stückchen weiter, an der Kluse, kamen sie am Lenneper und Lüttringhauser Siechenhaus vorbei, in dem Aussätzige und andere mit unheilbaren und ansteckenden Krankheiten behaftete Menschen ihr Leben verbrachten – fern von den anderen, den gesunden Bürgern der Städte. Auf der rechten Seite sah man das Galgenbüschchen mit der Gerichtsstätte; Galgen und Rad drohten düster herüber. „Dort drüben landen die schlimmen Verbrecher, Hans, die der Lenneper Richter verurteilt hat“, sagte Claeß. „Das ist noch ein bißchen schlimmer als der Schandpfahl am Markt!“

Zum drittenmal auf der Reise wurde es Hans unheimlich zumute und er war froh, in Vaters Nähe zu sein. Als Vater Theiß merkte, wie er sich graulte, knallte er munter mit der Peitsche und begann zu erzählen.

„Auf dieser Straße, Hans,“ sagte er, „sind schon viele Menschen gezogen. Um 800 soll schon Kaiser Karl der Große hier gegen die heidnischen Sachsen marschiert sein, um sie zu besiegen. Auf dieser Straße zogen dann die Mönche ins Sachsenland, um den Christenglauben zu predigen. Und viele Pilger zogen vom Norden auf dieser Straße nach Köln, um am Schrein der Drei Könige zu beten, und weiter bis nach Frankreich und nach Spanien zum Grabe des Apostels Jakobus nach

Santiago de Compostela. Und viele Kaufleute zogen hierher mit kostbaren Waren, so wie wir, nach Dortmund, Soest, Bremen, Hamburg, Lübeck, Riga und Stockholm, überall hin, wo der mächtige Hansebund regierte. Aber in den letzten Jahren ziehen viele Soldaten über die Straße, und nicht zu unserer Freude, denn sie berauben und plündern die Fuhrleute und zerstören die Dörfer und Städte. Wo sie gehaust haben, bleibt Not, Elend und Tod zurück. Zum Glück sind im Augenblick keine in der Gegend, sonst hätten wir uns noch in Lennep Geleitschutz erbitten müssen. Du siehst, die große Stadt hat schon viel Segen und Reichtum gebracht für ihre Anwohner, aber auch schon viel Kummer und Sorgen. Aber ohne sie könnten wir Fuhrleute nichts verdienen."

Wilde Reiter

Hans hatte voll Interesse zugehört, seine Angst war vergessen. So viel hatte er schon über diese Straße gehört, wenn er den Fuhrleuten in Wermelskirchen im Fuhrhof half. Immer hatte er sich gesehnt, auf ihr zu fahren, und jetzt war er zum ersten Mal dabei. Ja, er wollte ein bergischer Fuhrmann werden wie der Vater – ganz bestimmt! Und er merkte sich gut die Namen der Höfe und Orte, an denen sie vorüberfuhren: Lusebusch und Kluse, Spiekerlinde und Steinhaus und schließlich Beyenburg mit dem Amtshaus und dem Kloster hoch oben über der Wupperschleife.

Als Hans am Abend in der Herberge aufdem Stroh neben dem Pferdestall einschlief, träumte er, daß er immer noch weiterführe, weiter bis an die Ostsee, bis nach Rußland hinein nach Nowgorod und dann mit einem Wagen voll kostbarer Pelze nach Wermelskirchen zurückkäme.

*

Eine träumerische Stimmung hatte sich über die kleine Gruppe im Wald verbreitet, und als Vater Schmidt das Buch schloß, meinte Peter: „Es ist mir gerade, als wäre ich der Hans, und du, Vater, wärst der Vater Theiß. Schade, daß wir keine Pferde haben!"

„Ja, wir werden wohl auf Schusters Rappen heimwärts ziehen müssen", lachte Mutter. „Aber ich glaube, wir brechen jetzt auf, es ist noch eine Stunde zu wandern!"

„Aber wir bleiben doch auf der alten Straße wie der Hans", bat Karin. „Gewiß", versprach der Vater.

Obgleich alle recht müde waren, paßten sie doch genau auf, wo es noch Spuren des alten Handelsweges zu sehen gab. Die entdeckten sie vor allem am Grenzwall, wo noch sieben Wagenspuren nebeneinander herliefen. Karin und Peter sprangen von einer in die andere und riefen sich gegenseitig Fuhrmannsgrüße zu. Im Gebüsch verborgen konnte man an vielen Stellen alte Rinnen finden, die die Wagenräder eingedrückt hatten. Durchs Industriegelände wanderten sie schließlich zur Trecknase.

„Eigentlich müßten wir jetzt die Alte Kölner Straße entlanggehen", sagte Vater, „denn dort ist die Straße weitergelaufen, sie hat immer den kürzesten Weg genommen, aber auch wir wollen jetzt den kürzesten Weg nach Hause nehmen, denn wir sind doch alle recht müde, und wir haben heute eine Menge Neues gesehen."

Als die Kinder am Abend im Bett lagen, bat Karin: „Vater, das Fuhrmannslied, kannst du das singen?"

„Doch", antwortete Vater, „das haben wir früher in der Schule gelernt." Und er schmetterte los:

"Ja, der Bergsche Fuhrmann, der muß ein Wagen han"!
Damit fährt er den Berg hinan, ho ho hof A-hü!
Vier breite 'Räder, die muß sein Wagen han!
Damit fährt er den Berg hinan, ho ho hof A-hüf
Eine feste Deichsel, die muß sein Wagen han!
Damit fährt er den Berg hinan, ho ho hof A-hü!
Vier starke Rappen, die muß sein Wagen han!
Damit fährt er den Berg hinan, ho ho hof A-hü!
Recht viel schöne Gäste, die muß sein Wagen han!
Damit fährt er den Berg hinan, ho ho hof A-hü!

„Das mußt du uns beibringen, das singe ich dann unserer Lehrerin vor“, sagte Karin noch – da waren die beiden schon eingeschlafen.

Lennep - ein Meilenstein auf der Pilgerreise zum Grab des Apostels Jakobus

Am Sonntagnachmittag kam Besuch, es waren die Großeltern Schmidt, die vor ein paar Tagen aus dem Urlaub zurückgekommen waren. Peter fand in Großvater, der, seit er nicht mehr arbeiten mußte, im Geschichtsverein tätig war, einen aufmerksamen Zuhörer für seine Erzählung von der Wanderung am gestrigen Tage und von all seinen Entdeckungen in Lennep. Vor allem von der alten Straße erzählte er viel, sie hatte großen Eindruck auf ihn gemacht.

„Ach, Opa“, schloß Peter seinen Bericht, „ich möchte später mal Forscher werden und solche alten Sachen entdecken und vielleicht auch ausgraben, das ist so spannend!“

„Archäologe nennt man diesen Beruf“, warf Vater ein, „aber ich dachte, du wolltest Physiker werden wie Wilhelm Conrad Röntgen?“

„Ich weiß es noch nicht genau“, entgegnete Peter. „Jedenfalls würde ich gerne noch mehr forschen, was könnte ich nur diese Woche mal herausfinden?“

„Ich habe eine Idee“, schlug Großvater vor. „Erforsche doch mal die Herkunft der Straßennamen in der Lenneper Altstadt. Du mußt dazu einen Stadtplan und ein Straßenverzeichnis haben. Mach dir eine Liste mit den Straßennamen, und wenn du heraus hast, woher die Namen kommen, schreibst du es dahinter.“

„0 ja“, rief Peter, „das mach' ich. Ich glaube, ich weiß schon welche:

Die Röntgenstraße heißt nach Wilhelm Conrad Röntgen und die Albert-Schmidt-Allee nach dem Baumeister Schmidt, der die Sperrmauer gebaut hat."

„Die sind aber nicht in der Altstadt", unterbrach ihn Vater Schmidt. „Ich gebe dir mal einen Stadtplan!"

„Dürfen Elke und ich auch mitmachen?", fragte Karin.

„Meinetwegen", antwortete Peter, „wir können ja abwechselnd schreiben."

In den nächsten Tagen waren die drei Kinder eifrig beschäftigt. Sie hatten sich das Straßenverzeichnis aufgeteilt, jeder hatte eine Liste, die sich langsam mit Erklärungen füllte. Einige Namen waren leicht zu deuten, andere wußten sie durch Herrn Francke, aber es blieben eine große Zahl Namen übrig, mit denen die Kinder nichts anfangen konnten.

Am Mittwochabend hatte Vater Zeit, und er fragte: „Na, was machen die Straßennamen?"

Peter holte die drei Listen und sagte: „Es fehlen noch viele, aber lies erst mal!"

Vater las:

Wallstraße: Die Straße verläuft da, wo früher der alte Stadtwall war.
Mühlenstraße: Die Straße führte durchs Mühlentor zur Wassermühle oder Jakobsmühle im Lennepebachtal, wo die Tuchmacher ihre Stoffe walkten.

Splittergasse: Dort stand früher das alte Spital, das war ein Krankenhaus.
Kraspütt: Dort gab es einen geschützten Brunnen.
Kölner Straße: Sie führte durchs Kölner Tor nach Köln.
Schwelmer Straße: Sie führte durchs Schwelmer Tor nach Schwelm.
Kirchgasse: Sie führte zur Kirche.
Klostergasse: Sie führte zum früheren Kloster.
Marktgasse: Sie führte zum Markt.
Pastoratsstraße: Da wohnte der Pastor.
Gänsemarkt: Da wurden Gänse verkauft.
Neugasse: Das war eine neue Gasse, sicher nach dem Stadtbrand neu gebaut.

„Das finde ich aber prima, was ihr schon geschafft habt!", lobte Vater Schmidt. „Ich habe euch auch etwas mitgebracht!", und aus seiner Aktentasche holte er ein Remscheider Adreßbuch heraus. „Unter den meisten Straßennamen steht die Bedeutung und Herkunft des Namens", erklärte er. „Da könnt ihr eure Liste ergänzen, aber am *Freitag*

Ein Blick vom Turm der Stadtkirche

muß ich das Buch wieder mitnehmen."

„Klasse", riefen die Zwillinge und trugen das Buch ins Kinderzimmer. Am nächsten Nachmittag kam Elke, und die Kinder hockten lange über dem Buch. Es war gar nicht so leicht, die Namen nach dem Alphabet herauszufinden und das Kleingedruckte immer richtig zu verstehen. Aber als Vater heimkam, war die Liste doch beträchtlich besser ausgefüllt als am Abend zuvor.

„Das hat Spaß gemacht", meinte Peter, „aber man weiß nicht von allen Namen die Herkunft, wir haben noch viele Lücken."

„Das will ich wohl glauben", stimmte Vater zu. „Man müßte schon ein Sprachwissenschaftler sein, um alles herauszubekommen. Laßt mal hören, was ihr gefunden habt!"

Peter las vor:
„Brandgasse: Sie führte zu einem Löschteich, bei Bränden konnte man dort Wasser holen.
Thüringsberg: Er hat den Namen von einem Lenneper Ratsherrn namens Thüring.
Spielberggasse: Sie heißt nach dem Lenneper Ratsherrn Peter Caspar Spielberg.
Munsterplatz: Er heißt nach dem Lenneper Ratsherrn Daniel Munster. Er war Ratsherr von 1685 bis 1705.
Botengasse: Dort wohnten die Beyenburger und Schwelmer Boten um 1750.
Pilgergasse: Gasse nach dem alten Kloster."

„Vater", unterbrach Karin, „was ist das ‚Pilger'?"

„Pilger nennt man gläubige Menschen, die zu einem heiligen Ort gehen, eine ‚Wallfahrt' dorthin machen, um da zu beten", erklärte der Vater. „Solche Orte sind zum Beispiel Jerusalem mit dem Grabe Jesu oder Rom, wo der Papst wohnt, oder Lourdes, ein Marienwallfahrtsort. Die Mohammedaner wallfahren nach Mekka, wo Mohammed geboren wurde, die Hindus an ihren heiligen Fluß, den Ganges. Es gibt auch kleine Wallfahrtsorte hier bei uns, z. B. Neviges bei Wuppertal."

„Kamen denn auch Pilger nach Lennep?", fragte Karin.

„Ja und nein", antwortete Vater. „Lennep war kein Wallfahrtsort, also kein Ziel für die Pilger. Aber ihr wißt ja, daß die große Straße durch Lennep führte und Lenneps Kirche dem Apostel Jakobus geweiht war. Das Grab dieses Apostels in Spanien war im Mittelalter ein berühmter Wallfahrtsort für das ganze Abendland. Von überallher zog man nach Santiago de Compostela in Nordwestspanien, und die Pilger aus Westfalen und Norddeutschland zogen über die große Straße und machten in Lennep Station, eine Tagesreise vor Köln. Vielleicht gab es im alten Kloster, das in der Nähe der Pilgergasse lag, Quartier für sie. Von diesen Pilgern gibt es aber noch eine schöne Geschichte in unserem Lennepbuch."

„Bitte, lies uns vor", riefen Peter und Karin, „es ist viel schöner als allein zu lesen."

Vater ließ sich nicht lange bitten. Er setzte sich unter die Stehlampe, Mutter kam auch hinzu, und bald versank in dem Dämmerlicht die Außenwelt, während sich die alten Gassen und Straßen Lenneps mit jahrhundertealtem, geheimnisvollem Leben füllten.

Die Pilgerfahrt nach Compostela

Im Jahre 1370, im Monat Juni, klopfte es gegen Abend laut ans Tor von Wevershaus, einem der ältesten Gehöfte von Lennep.

„Einen Gruß von Eurem Bruder aus Dortmund", verkündete ein verstaubt und müde aussehender Mann dem Weber Nikolaus, der die Tür öffnete. „Er möchte für morgen um ein Nachtlager bei Euch bitten!"

„Habt Dank für diese gute Nachricht", entgegnete Nikolaus erfreut. „Wißt Ihr, in welchen Geschäften mein Bruder nach Lennep kommt?"

„Nicht in Geschäften kommt er", antwortete der Bote. „Er kommt als Pilger. Er ist mit einer Gruppe auf dem Wege nach Santiago de Compostela in Spanien, um am Grabe des Apostels Jakobus zu beten. Ich muß nun noch zum Pfarrer in den Bongartshof, ihm die Ankunft der Pilger zu melden. Er muß ein Nachtlager im Spital oder im Kloster herrichten lassen! Auch habe ich noch andere Aufträge." Und der Bote eilte vondannen.

Völlig überrascht ging Nikolaus ins Haus zurück. Er konnte es noch gar nicht glauben: Sein Bruder, der erfolgreiche Kaufmann, als Pilger zum Grabe des heiligen Jakob – das hätte er nicht erwartet! Ob Johannes denn gar keine Sorge um sein Geschäft hatte – diese Reise würde doch viele Monate dauern! Und ob er die Strapazen durchstehen würde? Das Reisen war gefahrvoll, und für die Schwägerin und ihre sieben Kinder wäre es schlimm, wenn dem Vater etwas zustieße! Wie mutig Johannes doch war und wie unternehmend! So war er als Kind schon gewesen, und deshalb war es ihm ja auch gelungen, das schöne Handelsgeschäft in Dortmund aufzubauen, das auch er, Nikolaus, mit seinen gewebten Tuchen belieferte. Warum wohl Johannes diese Wallfahrt unternahm? Nikolaus hätte es zu gerne gewußt. Ob Johannes eine Schuld abzubüßen hatte? Oder ob den Bruder Sorgen drückten und er St. Jakob um Hilfe bitten wollte? Ja, Sorgen gab es viele und Grund zum Bitten hatte man genug: Daß der schwarze Tod, die Pest, nicht wiederkäme, die vor 20 Jahren auch in Lennep so viele Todesopfer gefordert hatte; daß keine Feuersbrunst mehr entstünde wie in dem Jahre 1325, von dem die alten Leute noch oft erzählten; daß es eine gute Ernte und keine Hungersnot gäbe; daß keine Kriegshorden das Land durchzögen! St. Jakob könnte man all diese Sorgen anvertrauen – war er doch ein mächtiger Helfer und Fürsprecher bei Gott. Den Spaniern hatte er auch geholfen in ihrem Kampf gegen die heidnischen Mauren! In Deutschland hatte man viele Kirchen unter seinen Schutz gestellt, auch die eigene Lenneper Kirche war ja eine Jakobuskirche. Je länger Nikolaus nachdachte, desto lieber wäre er auch mit den Pilgern mitgezogen, um Jakob zu ehren und seinen Schutz zu erbitten!

In solchen Gedanken rief er seine Frau und die Kinder und begann, alles für den Empfang des Gastes herzurichten.

„Sie kommen, sie kommen 11, ging am nächsten Abend der Ruf durch die Gassen der kleinen Stadt. Einige Abgeordnete der Bürger standen mit Fahnen am Schwelmer Tor bereit, um die Pilger zu empfangen. Verschwitzt, staubig und müde kamen sie auf der alten Heerstraße gezogen. Zwölf Männer waren es in rauhen, groben Gewändern, mit Reisebündeln und Lederflaschen. An ihren Hüten hatten sie Muscheln befestigt, das Zeichen der Jakobspilger, in den Händen trugen sie dicke Knotenstöcke. Froh, ihr Tagesziel erreicht zu haben, winkten sie den Lennepern zu. Die Glocken begannen zu läuten, und die kleine Prozession zog durch die Pilgergasse zur Kirche, deren Türen weit geöffnet waren. Dort empfing der Pfarrer die Zwölf, um mit ihnen den Gottesdienst zu feiern. Auf den Altären brannten Kerzen, für Jakobus, den Älteren, den Schutzpatron der Kirche; für St. Nikolaus, den Patron der ersten Lenneper Kapelle; für Jakobus, den Jüngeren, den Patron der Wollweber; für die Mutter Maria und für die heilige Katharina. Das Gotteshaus füllte sich mit Lenneper Bürgern, die den Pilgern Ehre erweisen wollten. Auch Nikolaus von Wevershaus war dabei. Nach dem Gottesdienst zogen die Pilger zum Spital zum Übernachten. Es war Ehrensache für jeden Ort, reisende Pilger zu verpflegen und zu beherbergen. Johannes aber ging mit Nikolaus zum Wevershof.

Die ſtraſz vnd meylen tzu ſant Jacob

auß vnd ein in warheyt gantz erfarn
findeſtu in dyſem buchleyn

Titelbild eines mittelalterlichen Pilgerbüchleins

„Du staunst, Bruder, mich unter den Pilgern zu finden", sagte Johannes, als er Nikolaus begrüßte.

„Das kann man wohl sagen", antwortete dieser, „ich denke schon seit gestern darüber nach!"

„Ich erfülle ein altes Gelübde, erklärte der Bruder. „Vor fünf Jahren, als mein ältester Sohn auf den Tod krank darniederlag, habe ich Sankt Jakob versprochen, zu seinem Grabe zu ziehen und zu danken, wenn er bei Gott für mein Kind bitten würde. Und Sankt Jakob hat geholfen, Anton ist gesund geworden. Damals wollte ich sofort meine Dankesschuld erfüllen, aber die Geschäfte hielten mich immer zurück. Jetzt kann Anton schon selbst das Geschäft führen, mein alter Freund Gottlieb wird ihm zur Seite stehen. So will ich endlich Sankt Jakob meinen Dank bringen."

„Ein solches Gelübde muß man halten", stimmte Nikolaus zu. „Ich bin froh, daß du keine andere Not auf der Seele hast. Doch sieh', wir sind da, die Kinder kommen uns schon entgegengelaufen!"

Nach der Abendsuppe saß die ganze Familie mit dem Webergesellen, mit Knecht und Magd beisammen. Die Kinder, die schon oft Pilger gesehen hatten, die durch Lennep zogen, konnten nicht oft genug fragen, wo der Weg herginge, wie lange der Oheim wegbliebe und was er wohl alles sehen und erleben werde.

„Zuerst geht es nach Köln", erzählte Johannes, „dort lassen wir uns in die Sankt Jakobsbruderschaft aufnehmen. Jakobsbrüder gibt es in allen Ländern, und sie werden uns überall freundlich aufnehmen und uns beistehen. Dann geht die Wanderschaft über Aachen nach Paris, quer durch Frankreich bis zum Pyrenäengebirge. In Paris werden wir einige Tage Rastmachen und die berühmte Stadt ansehen. In Tours beten wir am Grabe des heiligen Martin, und in Bordeaux erreichen wir den Atlantischen Ozean. Über die Pyrenäen ziehen wir nach Spanien hinein, vorbei an Roncevalles, wo vor 600 Jahren die Nachhut von Kaiser Karls Truppen von den Mauren vernichtend geschlagen wurde. Viele Tage führt uns der Pilgerweg noch durch Spanien; ganz im Westen, fast am Ozean, liegt Santiago. Jeder Pilger muß vor dem Betreten der Stadt einen schweren Stein zur Steinbrennerei tragen. Diese Steine werden bearbeitet, nach Santiago gebracht und zu einer herrlichen Kathedrale zu Ehren des heiligen Jakob verwendet. So hat jeder Pilger etwas zum Bau der Kathedrale beigetragen. Singend und betend werden wir in die Stadt des Heiligen einziehen – ach, ich kann es kaum erwarten!" Und Johannes begann das alte Jakobslied zu singen, das im ganzen Abendland verbreitet war: "Herr Santiago grot/E ultreia, e sus eia/Deus aia nos!"

Alle summten mit – Johannes Begeisterung hatte sie angesteckt, aber dann sagte Nikolaus besorgt: „Du wirst länger als ein halbes Jahr wegbleiben, gib nur gut auf dich acht, bleib gesund und hüte dich vor Dieben und Räubern!“

„Wir sind ja zu mehreren“, meinte Johannes, „ich fürchte mich nicht, und Sankt Jakob wird seine Pilger nicht verlassen!“

Am nächsten Morgen begleitete die ganze Familie den Onkel zum Frühgottesdienst. Am Kölner Tor winkten sie der Pilgergruppe noch lange nach, und immer wieder sprachen sie an den Abenden über die Pilgerfahrt des Onkels und verfolgten sie in Gedanken mit. Neun Monate später, im März des Jahres 1371, begehrte die Gruppe wieder Einlaß am Kölner Tor, aber es waren nur 10 Männer zurückgekommen. Sie sahen abgemagert und tief gebräunt aus, ihre Kleider waren schmutzig und notdürftig geflickt, aber ihre Augen strahlten, als sie in die Jakobuskirche einzogen. Johannes Wever war unter ihnen, und jubelnd wurde er in der Familie des Bruders empfangen.

„Ich bringe euch den Segen des Heiligen“, sagte er und holte aus der Pilgertasche 10 kleine Medaillen hervor, die in Santiago geweiht worden waren.

Darstellung des Apostels Jakobus aus dem Flügelaltar der ev. Kirche zu Breckerfeld

Jeder Hausbewohner erhielt eine Medaille, auf der das Bild des Apostels zu sehen war, wie er mit Pilgerkleid, Wanderstab und Pilgermuschel am Hut unterwegs war, das Evangelium zu verkünden. Alle freuten sich über die Gabe. Sie befestigten sie an Schnüren, um sie immer bei sich tragen zu können.

„Wie froh ich bin, dich gesund wiederzusehen", sagte Nikolaus. „Deiner Familie in Dortmund geht es gut, ich habe mehrere Male Botschaft erhalten. Sie erwarten dich sehnlichst."

„Auch ich kann es kaum erwarten, morgen heimzukommen", erwiderte Johannes. „Doch steht mir noch ein schwerer Gang bevor. Zwei von uns sind nicht zurückgekommen, und wir müssen diese schlimme Nachricht ihren Familien überbringen."

„Wie ist es geschehen?", fragte Nikolaus.

„Sie sind bereits auf der Hinreise in Bordeaux schwer erkrankt. Ein heftiges Fieber ergriff sie. Wir ließen sie in der Herberge im Schutz der Jakobsbrüder von Bordeaux zurück. Doch trotz guter Pflege sind sie nicht mehr gesundet. Als wir zurückkamen, hatte man sie auf dem Pilgerfriedhof begraben. Wie traurig werden ihre Familien darüber sein – wir wagen kaum, diese aufzusuchen!"

„Habt ihr gute Hilfe bei den Jakobsbrüdern gefunden?", fragte Frau Wever.

„O ja", erwiderte Johannes. „Sie haben uns den richtigen Weg gezeigt und uns oft beherbergt. Sie haben sich um die Kranken gekümmert und uns vor Gefahren gewarnt. Aber auch sie müssen vorsichtig sein. Nicht jeder Pilger wandert aus Frömmigkeit zum Grabe des Apostels. Allerlei Spitzbuben sind auf dem Jakobsweg anzutreffen. Sie tun gar fromm, aber wenn man ihnen vertraut, so bestehlen und berauben sie den Vertrauensseligen. Oft haben wir nachts Wache halten müssen, weil wir uns nicht sicher fühlten!"

„Das ist schlimm für die echten Pilger", meinte Nikolaus, „so werden sie immer weniger Hilfe finden!"

„Ja, das ist richtig", antwortete Johannes. „In Santo Domingo ist vor einiger Zeit etwas Furchtbares geschehen. Eine Pilgergruppe übernachtete dort, als ein Bauer bemerkte, daß plötzlich sein Hühnerhof leer war – Hahn und Hennen waren verschwunden. Der Verdacht fiel auf die Pilger, die man für verkappte Diebe hielt. Sie wurden vor Gericht gebracht und zwei von ihnen zum Tode verurteilt. Das Urteil wurde sofort vollstreckt. Aber als die Pilger, die vergeblich ihre Unschuld eteuert hatten, am Galgen hingen, kam das Federvieh aus einem Getreidefeld angezogen, wo es sich sattgefressen hatte! Das hat eine

furchtbare Aufregung gegeben. Man hatte ja unschuldige Menschen getötet! Die Bauern wollten die Schuld von sich abwälzen und beschuldigten die Tiere. Sie sperrten Hahn und Henne in einen Käfig und hingen sie über das Portal der Kirche – aber davon wurden die Pilger nicht mehr lebendig. Wir haben die Tiere dort noch hängen sehen, sie sollen immer an das voreilige Urteil erinnern."

„Wie entsetzlich", rief Mutter Wever, „jetzt bin ich doppelt froh, daß du wieder zurück bist!"

„Wir haben mehr Gutes als Böses erlebt", sagte Johannes lächelnd. „Viele Menschen waren gut und hilfsbereit zu uns, herrliche Städte, wunderbare Kirchen, Bauwerke und Kunstschätze haben wir gesehen, Landschaften, von denen wir sonst nur träumen können, fremdartige Pflanzen und Früchte. Abends in den Herbergen waren oft Spielleute, die sangen das Lied vom Roland, dem Schildträger Kaiser Karls, der von den Mauren getötet wurde. Das Rolandslied hat mir sehr gut gefallen. Und wieviel Menschen aus allen christlichen Ländern traf man am Grabe des Apostels! Reiche Ritter und Grafen mit ihrem Gefolge, Bettler, Lahme, Bresthafte und Blinde – vor Sankt Jakob waren sie alle gleich! Ich habe neue Freunde aus Flandern gewonnen, mit denen werde ich bald ins Geschäft kommen und Handel treiben. Sie gehören auch dem Hansebund an."

„Deine Augen strahlen ja, wenn du so erzählst", rief Nikolaus ältester Sohn. „Wenn ich groß bin, wandere ich auch den Jakobsweg!"

„Das ist ein guter Vorsatz", sagte der Onkel lächelnd. „Es war schon ein gewaltiges Erlebnis!"

Bis tief in die Nacht hinein saß die Familie noch zusammen und lauschte den Erzählungen von der großen Wallfahrt, von der das ganze Abendland begeistert war.

*

„Da wäre ich auch gerne mitgezogen", rief Peter, als Vater das Buch schloß. „Das war ja spannend. Gibt es das Grab des Apostels noch?"

„O ja", antwortete Vater, „auch der alte Pilgerweg in Spanien ist noch da. Aber die Wallfahrt geriet mehr und mehr in Vergessenheit. Die Spanier hatten ihren Wunsch erfüllt bekommen – die Mauren waren aus ihrem Land vertrieben. In Deutschland kam die Reformationszeit und dann der 30jährige Krieg – da zogen nur noch selten Pilger nach Santiago. Den Namen ‚Pilgergasse' aber könnt ihr euch jetzt sicher erklären."

„Stimmt das mit den Hühnern in Santo Domingo?",l fragte Karin und schauderte etwas.

„Ja, leider“, erwiderte Vater, „ich habe kürzlich gelesen, daß man auch heute noch Tiere in den Käfigen hält zur Erinnerung an das Unrecht von damals.“

„Was sich doch in Lennep so alles ereignet hat“, meinte Mutter. „ Es ist schade, daß man nicht mehr darüber weiß.“

Lennep – eine Stadt mit geistlichem Leben

Am nächsten Sonntagmorgen regnete es heftig. Als Familie Schmidt aus dem Gottesdienst in der Kirche St. Bonaventura kam, begegneten ihnen Elke und ihre Mutter. Elke war evangelisch, und Karin fragte: „Gehst du auch zur Kirche?“

„Ja“, erwiderte Elke, „sie fängt um 11 Uhr an.“

In diesem Augeblick begannen die Glocken beider Kirchen zu läuten, und Vater Schmidt sagte: „Horcht mal, wie schön sie aufeinander abgestimmt sind!“

Da meinte Peter: „Ich bin noch nie in der evangelischen Kirche gewesen!“

„Wenn du noch stillsitzen kannst und deine Eltern es erlauben, kannst du gerne mitgehen“, erwiderte Frau Becker, Elkes Mutter, freundlich.

„Ich will aber auch mit“, rief Karin, „bitte, Mutter, ja?“

„Meinetwegen“, antwortete Frau Schmidt, „aber betragt euch gut und macht Frau Becker keine Schwierigkeiten.“

Nein, Schwierigkeiten gab es keine. Karin und Peter freuten sich, die Stadtkirche zu sehen. Das Lied „Lobe den Herrn“ konnten sie sogar mitsingen, das Vaterunser klang genau wie in der katholischen Kirche, und in der Predigt sprach der Pfarrer von Jesus und dem Blinden, den er heilte. Diese Geschichte kannten sie auch aus dem Religionsunterricht.

„Es war schön, Frau Becker“, sagte Karin nachher, und Peter meinte: „Bei euch sieht man die Orgel so gut.“

„Abendmahl am Altar, Gottes Wort auf der Kanzel und Gottes Lob im Lied sind uns gleich wichtig im Gottesdienst“, erklärte Frau Becker, „deshalb stehen Altar, Kanzel und Orgel in vielen bergischen Kirchen übereinander.“

„Und hier an dieser Stelle ist schon dreimal eine Kirche abgebrannt, steht in Vaters Buch“, erinnerte Peter. „Und einmal sind so viele Menschen dabei umgekommen, als sie die Glocken retten wollten.“

„Ja, Kinder, da denkt man meist nicht darüber nach, wenn man hier vorbeigeht. Auch nicht daran, daß hier einmal der Kirchhof war und noch viele Menschen unter der Erde ruhen. Schon die alte Nikolauska pelle wird hier gestanden haben und die Jakobuskirche; jetzt ist es die Stadtkirche – seit vielen hunderten von Jahren wird an diesem Ort Gott geehrt“, sagte Frau Becker nachdenklich.

Beim Mittagessen fragte Karin plötzlich: „Vater, wieso hat eigentlich die Elke einen anderen Glauben als wir?"

„Das ist nicht so leicht zu beantworten und eigentlich eine lange Geschichte“, entgegnete der Vater. „Bis ins 15. Jahrhundert gab es bei uns in Lennep nur den einen christlichen Glauben, es gab auch nur eine Kirche in Lennep. Aber vieles war in der Christengemeinschaft nicht mehr in Ordnung, es gab Mißstände, die dringend einer Reform bedurft hätten. Manche Priester und Ordensleute lebten nicht mehr fromm, selbst der Papst in Rom gab kein gutes Beispiel für die Christen. Na, ihr werdet das noch später in der Schule hören. Jedenfalls wollte ein Mönch, Dr. Martin Luther, die Kirche erneuern, und über diesen Bestrebungen kam es zu Streit und Auseinandersetzungen, die sogar mit Waffen und Kriegen ausgetragen wurden. Die eine Kirche spaltete sich, die evangelische, auch protestantische Kirche genannt, entstand. Auch Lennep ist von diesen Ereignissen nicht verschont geblieben, die Glaubenskämpfe dauerten viele Jahre, und ein Lenneper Bürger wurde sogar wegen seines Glaubens zum Feuertod verurteilt und verbrannt.“

„Wie ist das passiert, Vater, und wer war das?“, fragte Karin, die voll Spannung zuhörte.

„Es war Adolf Clarenbach, ein evangelischer Christ“, gab Vater zur Antwort, „wenn es euch interessiert, kann ich euch etwas von ihm vorlesen.“

„O ja, bitte“, riefen die beiden, „davon haben wir noch nie etwas gehört.“

„Lennep ist später ganz evangelisch geworden“, erzählte der Vater weiter. „Es gab eine Zeitlang keine katholischen Christen mehr in der Stadt. Aber es hat wohl 80 Jahre gedauert, bis es soweit war.“

„Aber jetzt haben wir doch eine große katholische Kirche hier?“, fragte Peter verwundert.

„Ja, die neue Gemeinde ist durch die Klostergründung der Minoriten entstanden, es ist eine interessante Geschichte“, erwiderte Vater Schmidt.

„Wir wollen alles hören“, riefen die Zwillinge, „hol das Buch, ja?“

Draußen rauschte der Regen immer noch, aber keiner achtete mehr darauf, die Gedanken wanderten zurück durch die Jahrhunderte – in Lennep gab es wirklich viel Interessantes zu entdecken!

Ein Lenneper stirbt tür seinen Glauben den Feuertod

Es war im Jahre 1529 an einem heißen Sommertag. Im Hofe tom Busche, auch Buscherhof genannt, einem Außenbürgerhof zwischen Lennep und Lüttringhausen, herrschte reges Leben. Bauern ließen beim Schmied Dietrich Clarenbach die Pferde beschlagen, Sensen und Sicheln wurden neu gerichtet, denn in den nächsten Tagen sollte die Ernte beginnen, und jeder wollte sein Arbeitsgerät in Ordnung haben. Vater Dietrich und seine Söhne Heinrich, Franz und Johann arbeiteten im Schweiße ihres Angesichts, um alle Wünsche der Kunden zu befriedigen, aber während sie sonst meist guter Dinge waren und bei der Arbeit fröhlich vor sich hinpfiffen, herrschte heute eine gedrückte Stimmung. Stumm wurde die Arbeit getan, kein Scherzwort flog hin und her, und oft hielten die Männer inne beim Hämmern und lauschten, als ob sie jemand erwarteten.

Auch drinnen im Haus, wo Mutter, Tochter und Magd Brot im Vorrat für die Erntetage bereiteten, war es still. Von einer Vorfreude auf die gute Ernte war nichts zu spüren. Immer wieder schaute die Mutter in innerer Erregung aus dem Fenster auf den Weg, der von Lennep zum Buscherhof führte. Seufzend sagte sie: „Ach, wenn doch nur eine gute Nachricht käme, Gott möge uns dazu helfen!“

„Was nennst du gut, Mutter?“, fragte die Tochter. „Ist es gut, wenn Adolf das widerruft, was er seit sechs Jahren andere lehrt? Überall, wo er war, in Münster, in Wesel und nicht zuletzt hier bei uns hat er Luthers Lehre verkündet. Ach, woran soll man noch glauben, wenn er jetzt abschwört und dem Evangelium untreu wird?“

„Und wenn er es nicht tut, muß er sterben, Kind“, rief die Mutter in höchster Erregung. "Er ist zum Feuertod verurteilt, zum Tod der Ketzer und Abtrünnigen. Kannst Du ihm diesen schrecklichen Tod wünschen?“

Buscherhof. Geburtshaus Adolf Clarenbachs nach einem Gemälde in Privatbesitz.

„Nein, gewiß nicht, Mutter", versicherte die Tochter. „Ich will, daß Adolf lebt, daß er frei kommt, aber ich will nicht, daß er erst widerrufen muß. Sein Freund Klopreis, für den er nach Köln in Gefangenschaft ging, hat auch widerrufen, und als er freikam, verkündete er wieder Luthers Lehre, und jetzt ist er bei den Wiedertäufern. Wer kann einem solchen Prediger noch glauben?"

„Ach ja", klagte die Mutter, „weil er Klopreis öffentlich verteidigte, ist Adolf ins Gefängnis gekommen. War dieser Freund ein solches Opfer wert? Über ein Jahr ist er schon gefangen, und seit im letzten März das Urteil gesprochen wurde, habe ich noch keine Nacht ruhig geschlafen. Wie schrecklich muß es für ihn sein, täglich auf die Vollstreckung des Urteils zu warten, täglich in der Angst zu leben!" Und die Mutter brach

in bitterliches Weinen aus. Tröstend legte die Tochter den Arm um sie, und die beiden Frauen schauten schweigend aus dem Fenster.

Vor zwei Tagen waren Pfarrer Giemens aus Lennep, zwei Freunde Adolfs und sein alter Lehrer, Herr Martin Henkel, nach Köln geritten, um Adolf zu überreden, der neuen Lehre abzuschwören, sich der Kirche zu unterwerfen und so sein Leben zu retten. Welche Nachricht würden sie bringen?

In die Schmiede waren inzwischen zwei Reiter aus Lennep gekommen, um die Pferde beschlagen zu lassen. „Sie sind noch nicht zurück, Dietrich“, sagte der eine, „ich habe am Kölner Tor nachgefragt, bevor ich herritt.“

„In der ganzen Stadt spricht man von nichts anderem“, fügte der andere hinzu. „Viele hoffen, daß Adolf abschwört und so sein Leben rettet, aber es gibt andere, die sagen, er könne es nicht, sonst würde er unglaubwürdig werden. Sie erinnern an den Brief, den er vor zwei Jahren an alle Lenneper geschrieben hat, in dem er sie zur neuen Lehre führen wollte und sie mahnte, Bibeln zu kaufen und ihre Kinder fleißig zur Schule zu schicken, damit sie die Bibel selbst in Hebräisch oder Griechisch lesen könnten und sich ein eigenes Bild vom Evangelium machen könnten. Alle bangen um ihn, er ist so beliebt in der Stadt, keiner will, daß er sterben muß!“

„Er wird nicht widerrufen“, entgegnete Heinrich, Adolfs Bruder. „Adolf hat sich seit Jahren zu Luther, zu den Humanisten und zur neuen Lehre bekannt. Er hat hier in vielen Häusern gelehrt, er hat öffentlich geschrieben und gesprochen und viele überzeugt – wie könnte er das, woran auch wir jetzt glauben, widerrufen!"

„Nie wird er das tun!“, riefen auch Franz und Johann leidenschaftlich. „Als wir ihn zuletzt sahen, hat er es gesagt!“

Der Vater seufzte und schwieg. Das letzte Jahr war schwer gewesen, und in seinem Herzen stritten Angst und Liebe um den Sohn mit dem neuen Glauben, der auch in ihm Wurzeln geschlagen hatte.

In diesem Augenblick hörte man Hufgetrappel, und vier Reiter bogen um die Ecke. „Sie sind da!“, rief Johann. „Geht hinein“, sagten die beiden Lenneper, „wir werden hier in der Schmiede auf euch warten.“ Sie setzten sich auf eine Bank in innerer Spannung auf das, was sie bald hören würden.

Dietrich und seine Söhne hatten den Reitern die Pferde abgenommen und in den Stall geführt. Die Mutter bat die Gäste ins Haus und ließ sie niedersitzen. Diese schwiegen, bis die Männer aus dem Stall zurückkamen.

Stumm und angstvoll sahen sie alle auf Pfarrer Clemens.

„Er hat nicht widerrufen“, sagte dieser mit bewegter Stimme. „Er hat nicht gewollt. Er sagte, es würde eine Schande sein, um des kurzen, irdischen Lebens willen den Herrn Jesus zu verleugnen und das ewige Leben zu verlieren. Wir haben alles versucht, ihn zu überreden – mehr konnten wir nicht tun.“

„Gott sei gelobt“, riefen die Brüder. „So haben wir nicht vergeblich an ihn geglaubt. Wir werden weiter verkünden, was Adolf begonnen hat und werden uns durch nichts und niemanden zurückhalten lassen. Vor allem hier in Adolfs Heimat soll sich der neue Glaube durchsetzen. Wir werden dafür kämpfen!“

„Ist denn nun keine Rettung mehr?“, fragte die Mutter mit den Tränen kämpfend. „Kann niemand mehr helfen?“

„Wenn Herzog Johann nicht eingreift, sehe ich keinen Weg mehr“, antwortete Pfarrer Clemens. „Und bis jetzt hat er es nicht getan. Ihr selbst habt ja schon alles beim Kölner Rat versucht, auch der Bürgermeister von Lennep und einige Abgeordnete waren schon in Köln. Der Kölner Stadtrat selbst möchte ihn retten – aber das Urteil ist ja schon gesprochen. Ich hatte noch auf den Reichstag in Speyer gehofft und auf die Wirkung der Protestation der evangelischen Fürsten, aber ihr wißt ja, daß wir alle vergebens hofften. Nur bei Gott ist noch Hilfe. Wir wollen alles in seine Hände legen.“

„Gib den Herren eine Labung!“ sagte Dietrich zu seiner Frau. „Für Adolf und für uns sind sie den weiten Weg geritten, und es ist heiß.“

Adolfs alter Lehrer erhob sich: „Seid bedankt“, sagt er, „wir wollen heim, alle warten auf unseren Bericht, denn wir sind zuerst zu euch gekommen.“

Die vier brachen auf, und die Familie blieb zurück, halb getröstet über den Glaubensmut des Sohnes, halb verzweifelt über sein kommendes schreckliches Ende, das so gut wie unabwendbar schien.

Sechs Wochen später, am 28. September 1529, lag tiefe Stille über dem Buscherhof. Kein Hammerschlag ertönte aus der Schmiede, kein Rauch kam aus dem Schornstein, die Esse war kalt. Dietrich, seine Frau und seine Kinder waren in der Küche versammelt, und Knecht und Magd vermieden bei der notwendigen Stallarbeit jedes laute Geräusch, um den Schmerz und die Trauer der Familie nicht zu stören, denn heute war der furchtbare Tag, an dem das Urteil an Adolf vollstreckt wurde. All die Wochen hatten sie noch auf Rettung gehofft, doch dann brachte ein Kaufmann die Nachricht aus Köln, der Rat habe dem Drängen des Volkes nachgegeben, die beiden Verkünder des neuen Glaubens, Adolf Glarenbach und Peter Fliesteden, auf dem Richtplatz zu Melaten durch das Feuer hinzurichten. In Köln sei die Pest ausgebrochen, und das Volk glaube, diese Krankheit sei die Strafe für allzu große Milde gegen die Ketzer. Der Rat hatte nachgeben müssen.

„Ach, wäre er damals nicht nach Köln gegangen", rief die Mutter plötzlich heftig, „warum haben wir es nicht verhindert, er hat den anderen geholfen, wer hilft ihm jetzt?"

Die Schwester schluchzte auf. „Mutter", erwiderte Heinrich, „du weißt doch, wie Adolf gesinnt war. Er hätte nie einen Freund im Stich gelassen. Es wäre ihm furchtbar gewesen, wenn Klopreis vom Glauben abgefallen wäre, weil er keinen Beistand hatte. Er mußte so handeln. Er hat sich geopfert."

„Ach, so viele haben gegen ihn ausgesagt und gehetzt", sagte der Vater. „Man wollte verhindern, daß er noch mehr Leute zu seiner Lehre herüberzog. Deshalb bekam er ja Predigtverbot. Ihr wißt ja, wieviel Erfolg er hatte hier in seiner Heimat. Alle wollten ihn hören, alle luden ihn ein. Auf der Straße, auf den Feldern hielten die Leute ihn an. Und selbst mit dem Pfarrer, den Ratsherrn und dem Bürgermeister hatte er viele Gespräche. Man fürchtete ihn, deshalb mußte er sterben."

„Er hat nichts Böses getan", rief Johann. „Jeder Mensch sollte frei in seinem Glauben sein. Er hat geglaubt, was in der Heiligen Schrift steht. Er hat sich auf den Glauben allein verlassen. Dafür dürfte niemand bestraft werden. Ich werde nicht mehr zur Kirche nach Lüttringhausen gehen, ich werde nicht mehr an der Messe teilnehmen, solange ich nicht glauben darf, wie ich will."

„Ach Kind", antwortete die Mutter, „sorge, daß Vater und ich nicht noch mehr Kummer erfahren müssen!"

Da klopfte es an die Tür. Pfarrer Clemens stand draußen. „Ich wollte euch in dieser furchtbaren Stunde nicht allein lassen", sprach er. „Helfen kann ich nicht mehr, aber mit euch an Adolf denken und ihn im Gebet begleiten. Er hat tief und fest an Gott und Jesus geglaubt, er war fest überzeugt, den richtigen Weg zu gehen. Aus Glauben und Überzeugung geht er in den Tod. Gott wird ihm die Krone des Lebens schenken und ihn in sein Reich aufnehmen. Vielleicht gibt euch das ein wenig Trost."

„Was wird er furchtbar leiden müssen", flüsterte die Mutter unter Tränen. „Der Flammentod ist so qualvoll!"

„Jesus hat für uns alle gelitten“, erwiderte Pfarrer Clemens. „Alles Menschenleid hat er auf sich genommen und ist durch den Tod zum Leben gegangen. So wird es Adolf auch geschehen!“ Und Pfarrer Clemens und alle Anwesenden falteten die Hände und sprachen gemeinsam das Gebet für die Sterbenden.

*

„Welch schreckliche und grausame Strafen hatte man doch früher und wie sehr wurde die Freiheit der Menschen eingeschränkt“, sagte Mutter Schmidt seufzend, als Vater das Buch schloß.

„Das ist heute in vielen Teilen der Welt auch noch so“, erwiderte der Vater. „Und der Hauptgrund für die Unterdrückung der Menschen ist die Angst der Regierenden, Macht und Einfluß zu verlieren, wenn die Menschen sich frei entscheiden können. Seit es Menschen gibt, sind schon viele Mutige für ihre Überzeugung oder ihren Glauben ermordet worden.“

„Aber bei uns kann doch so etwas nicht mehr passieren? Wir dürfen doch glauben, was wir wollen und für richtig halten?“, fragte Peter.

„Wir haben ein Grundgesetz und darin steht: Jeder ist frei in seinem Glauben, niemand darf wegen seines Glaubens benachteiligt oder gar verfolgt werden“, erklärte der Vater. „Wir können dankbar für dieses gute Gesetz sein, viele Menschen in anderen Ländern der Welt würden sich ein solches Gesetz wünschen!“

„Wie ging es in Lennep weiter?“, wollte Peter wissen. „Haben die Leute dann den neuen Glauben angenommen?“

„Nicht gleich“, antwortete Vater Schmidt. „Manche Menschen hatten Angst vor Tod und Gefängnis, andere wollten lieber der alten Kirche treu bleiben,es gab auch solche, denen es gleich war, sie machten sich gar keine Gedanken. Es bildeten sich verschiedene Gruppen und Kreise, zu denen auch junge Geistliche gehörten, die nach der neuen Lehre lebten, aber erst langsam setzten sich ihre Gedanken durch. Die Gottesdienste wurden oft in Mischformen gehalten, es gab auch Streit und Spannungen, aber man versuchte miteinander auszukommen. Der Buscherhof und andere abseits gelegene Höfe und Mühlen wurden Treffpunkte für die Anhänger der neuen Lehre. Später wirkte ein Pastor namens Becker in Lennep für den evangelischen Glauben, und durch ihn ist Lennep dann endgültig zu Luthers Lehre übergetreten. Es gab aber in der Stadtkirche noch die alten Altäre, an denen man immer noch Kerzen den Heiligen zu Ehren anzündete, obgleich das nach der neuen Lehre nicht mehr erlaubt war. Man änderte also in Lennep nur langsam die alten Bräuche.“

„Ist der Buscherhof eigentlich noch da?“, fragte Karin.

„O ja“, sagte der Vater. "Es ist dort am Haus eine Gedenktafel für Adolf Clarenbach angebracht worden, und nicht weit davon, an der Straße zwischen Lennep und Lüttringhausen wurde das Clarenbach-Denkmal errichtet. Wir können dort einmal wandern, vom Denkmal zum Buscherhof, durch den Schmittenbusch und das Diepmannsbachtal zurück. Dann hättet ihr wieder etwas Neues in unserer Heimat entdeckt!“

Clarenbach-Denkmal in der Nähe des Buscherhofes zwischen Lennep und Lüttringhausen (an der B 51)

„Klasse, dann machen wir wieder Picknick, Mutter“, rief Karin. „Aber du mußt noch die nächste Geschichte erzählen, wie in Lennep wieder eine katholische Gemeinde entstand.“

„Das war gegen Ende des 30-jährigen Krieges“, sagte der Vater und suchte im Buche nach. „Dieser Krieg war auch wegen der Glaubensstreitigkeiten entstanden, er wurde zum Machtkampf, und das arme Volk in Deutschland hat ganz furchtbare Schreckensjahre mitgemacht. Am Ende dieses Krieges sollen im Bergischen Land nur noch ein Sechstel der Menschen übriggeblieben sein, denkt euch, von 60 Menschen waren das noch 1O! In diesen Jahren ist hier das Kloster gegründet worden, es wird recht arm dabei zugegangen sein.“

Lennep bekommt ein Kloster

Im Jahre 1640 blickten die Bürger Lenneps auf viele beschwerliche Tage zurück, die sie seit 22 Jahren zu ertragen hatten. 1618 *war der unglückselige 30-jährige Krieg ausgebrochen, und fast jedes Jahr hatte* es *in Lennep Truppendurchzüge und Besatzungen gegeben, Spanier und Schweden, Hessen und Bayern, die Truppen des eigenen Herzogs und die des Kaisers. Alle behaupteten, für ihren Glauben zu kämpfen, aber ob es nun katholische oder protestantische, ob kaiserliche, schwedische oder französische Truppen waren – alle plünderten die Bürger aus, beraubten und bestahlen sie, brachten Krankheiten und Seuchen mit und ließen bei ihrem Abzug die Stadt Lennep jedesmal ärmer, elender und ausgeplünderter zurück. Die Menschen waren traurig und gedrückt, sie sehnten sich nach Frieden und bescheidenem Wohlstand.*

In dieser Zeit lebte in Lennep der Gerichtsschreiber Johann Born mit seiner Frau Johanna und seinen Kindern. Die Familie Born war von außerhalb nach Lennep gezogen, und sie waren die einzigen Bürger katholischen Glaubens in der Stadt.

Eines späten Abends klopfte es *an ihrer Tür. „Wer mag um diese Zeit noch draußen sein?“, sagte Johann Born zu seiner Frau. „Die Kinder schlafen* ja *schon langer.“*

Aber als er die Tür öffnete, stieß er einen Freudenschrei aus.

Draußen standen zwei Minoritenpatres in langen schwarzen Gewändern mit Kapuzen, mit einem weißen Strick um die Hüfte und Sandalen an den Füßen.

„Augustin, Bruder, das ist aber eine Freude“, rief Johann. „So spät kommt Ihr von Köln in diesen gefährlichen Zeiten! Wie müde werdet ihr sein! Seid willkommen und kommt rasch herein!“

„Das nenne ich eine gastfreundliche Aufnahme“, sagte Pater Augustin lachend. „Das tut dem armen Wanderer wohl. Aber ganz so schlimm war es nicht mit dem Weg, wir sind nicht ganz zu Fuß gekommen. Ein Fuhrmann hat uns bis zum Fuhrhof nach Wermelskirchen mitgenommen, von dort sind wir dann gelaufen. Zum Glück war das Stadttor noch offen, sonst hätten wir draußen nächtigen müssen. Mein Begleiter hier ist Pater Matthias. Wir sind auf dem Weg nach Dortmund mit einer Botschaft für unser Kloster dort.“

„Welch eine Freude“, rief auch Frau Johanna herzlich, als ihr Mann die späten Besucher hereinführte. „Wie lange haben wir einander nicht gesehen! Ich will euch rasch ein Mahl und das Nachtlager richten!“

Nach dem Essen holte Johann ein Krüglein Wein aus dem Keller. „Wir sind arm in diesen Kriegszeiten“, sagte er, „aber etwas Wein habe ich bei der letzten Besetzung noch retten können. Für dieses Wiedersehen ist er gerade das Rechte! Wie vermissen wir hier oft einen Priester unseres Glaubens! Wie selten können wir die heilige Messe besuchen! Über eine Stunde Fußweg ist es bis nach Steinhaus oder Beyenburg, bei schlechtem Wetter ist das gar nicht zu schaffen!“

„Und als die Kinder geboren wurden, dauerte es lange,bis wir sie zur Taufe bringen konnten“, fügte Mutter Johanna hinzu. „Und wie sollen sie jetzt unseren Glauben kennenlernen? Es gibt hier keinen Pfarrer und keinen Lehrer katholischen Glaubens. Wir machen uns oft Sorgen, ob wir die Kinder richtig lehren, und fühlen uns einsam und alleingelassen in allen Glaubensdingen.“

„Gott sieht ja euren guten Willen“, tröstete Pater Augustin, aber Johann schüttelte den Kopf. „Es ist schwerer, als ihr es euch vorstellen könnt“, sagte er, „ihr wisst nicht, welche Freude wir vorhin empfanden, als ihr das Tischgebet spracht. Einmal wieder die alten schönen Worte hören! Einmal wieder den Segen von einem Priester empfangen! Es müßte hier wieder eine kleine katholische Gemeinde geben!“

„Das wird wohl kaum möglich sein“, meinte Pater Augustin. „Lennep ist evangelisch und die Kirche gehört seit 1624 offiziell der evangelischen Gemeinde. Da werden wir nichts mehr daran ändern können.

Bürger und Rat der Stadt werden keinen katholischen Pfarrer mehr hier haben wollen!"

Alle schwiegen nachdenklich.

Da rief Johann plötzlich: „Aber euer Orden, er müßte hier doch eine kleine Niederlassung gründen können. Es hat doch hier vor 80 Jahren, vor dem letzten Stadtbrand schon mal ein Kloster gegeben! In der Umgegend wohnen noch einige Katholiken, die kämen dann auch zu euch zum Gottesdienst. Gleichzeitig hättet ihr auch eine Unterkunft bei euren Reisen nach Dortmund und brauchtet nicht wie heute in unserer engen, unbequemen Wohnung zu übernachten!"

„Ein wunderbarer Gedanke", sagte Pater Matthias begeistert. „Das sollten wir nach unserer Rückkehr nach Köln unseren Vorstehern vortragen! Vielleicht könntet ihr uns helfen, hier in Lennep ein passendes Haus zu finden?"

„Was in meinen Kräften steht", versprach Johann, „will ich gerne tun. Wie sehr wünschte ich, daß dieser Plan gelänge!"

Da die beiden Patres früh weiterwandern mußten, begaben sie sich bald zur Ruhe. Vorher aber gingen alle noch leise ins Schlafzimmer der Kinder. "Wie groß sie geworden sind, besonders der Gottfried", flüsterte Pater Augustin gerührt, „ich habe sie solange nicht gesehen!" Und er gab den friedlich Schlafenden den Segen.

Für die Pläne, in Lennep wieder eine Niederlassung zu gründen, fanden Pater Augustin und Pater Matthias in Köln volle Zustimmung bei ihren Oberen. Aber es waren viele Vorbereitungen nötig, bis der Plan verwirklicht werden konnte. Erst mußte Herzog Wolfgang Wilhelm seine Erlaubnis geben, dann mußte der Rat der Stadt Lennep gefragt werden. Dieser war nicht glücklich über die Neugründung des Klosters, doch da er es mit dem Herzog nicht verderben wollte, willigte er schließlich ein. Als nächstes suchten die Patres ein passendes Haus zum Kauf, für das sie 300 Taler bezahlten. Etwa zwei Jahre beanspruchten diese Vorbereitungen, dann aber kam der frohe Tag, an dem zwei Patres in die neue Niederlassung einzogen, und zur Freude der Familie Born war Pater Augustin zum Vorsteher der neuen Gemeinschaft ernannt worden. Die Borns hatten mit einigen katholischen Familien aus der Umgebung eifrig geholfen, das Haus wohnlich herzurichten und vor allem den Raum, in dem Gottesdienst gehalten wurde, festlich zu schmücken. Von Dank waren alle Herzen erfüllt, als man gemeinsam den ersten katholischen Gottesdienst seit der Reformationszeit in Lennep feierte, hatte man doch wieder eine geistige Heimat gefunden. Besonders Gottfried, Borns ältester Sohn, war tief beeindruckt von diesen Ereignissen. Er wurde der treueste Begleiter der beiden Patres auf all ihren Wegen, ihr eifrigster Diener bei der Meßfeier und ihr fleißigster Schüler im Religionsunterricht und in der lateinischen und griechischen Sprache. Immermehr wuchs sein Wunsch, auch ein Minorit zu werden, den Glauben zu verkünden und den Menschen zu dienen.

Eines Abends, nach einem Abendgottesdienst, faßte Gottfried Mut und offenbarte seinen Eltern und dem Onkel seinen Wunsch. Der Vater lächelte. „Ich habe das schon lange geahnt, Gottfried“, sagte er, „und die Mutter und Pater Augustin auch. Wir haben ja deinen Eifer gesehen. Wenn es dein Herzenswunsch ist, gebe ich dir meinen Segen dazu.“

„Auch ich freue mich, eins meiner Kinder Gott zu weihen“, fügte die Mutter hinzu, „wir haben so viel Gutes von ihm erfahren, wir wollen auch etwas zurückschenken, wenn es auch schwer ist, daß du dann fort von uns mußt!“

„Ja, Junge“, meinte Pater Augustin, „dann will ich dich demnächst mit nach Köln nehmen. Du hast ja dann noch Zeit, bis dahin wirst du wissen, ob du das strenge Ordensleben ertragen kannst und auch glücklich dabei bist. Es ist nicht immer leicht, arm, gehorsam und ehelos zu leben, aber der Dienst für Gott und die Mitmenschen bringt auch viele innere, geistliche Freuden. Das muß aber jeder selbst erfahren.“

Gottfried hatte still zugehört, aber sein Herz klopfte rasch und heftig vor Freude über die Zustimmung der Familie. Als der Onkel schwieg, rief er: „Danke, Mutter und Vater, daß ich gehen darf und dir, Onkel Augustin, daß du mich mitnimmst. Ich freue mich ja so darauf!“

55 Jahre waren seit dem Abend vergangen, man schrieb den 24. August des Jahres 1700. Eine festliche Prozession mit Fahnen und Musik bewegte sich vom Klostergebäude am Stadtrand aus durch die Hauptstraße der Stadt Lennep. Vorne im Zug schritt als Ehrengast der Abt des Klosters Altenberg, Johann Jakob Lohe, begleitet von den Patres des Minoritenordens, die von vielen Niederlassungen, vor allem aber von Köln gekommen waren. Beamte des Herzogs, die Gläubigen der Lenneper katholischen Gemeinde, Abordnungen der Gemeinden Radevormwald, Wermelskirchen, Hückeswagen und Wipperfürth mit ihren Geistlichen folgten. Unter Gesang und Gebet bog der Zug wieder in die Klostergasse ein. Die Tore einer neuen Kirche standen weit offen, drinnen brannten die Kerzen und alles war mit Blumen und Grün geschmückt – der langersehnte Tag war gekommen, an dem das neue Gotteshaus der wiedererstandenen katholischen Gemeinde durch Abt

Johann eingeweiht werden sollte. Die Freude und Teilnahme der Gläubigen waren groß, hatten sie doch viele Opfer für den Bau und die Ausstattung der Kirche gebracht.

Ehemalige Minoriten-Kirche als Woll-Lager der Firma Fuhrmann (später Firma Mühlinghaus).

Segnend schritt Abt Johann durch den Raum und stellte die Kirche unter den Schutz des heiligen Bonaventura, eines berühmten Minoritenpaters, den Schutz der Mutter Maria, des heiligen Antonius und der heiligen Katharina. Bilder dieser Heiligen zierten die Fenster des Gotteshauses, Wappen der Stifter hingen an den Wänden.

Mit Liedern und Gebeten, mit Predigt und Opfermahl feierte die Gemeinde. Mitten unter den Minoritenpatres aber, tief in sich versunken, stand der Vorsteher des Klosters, Pater Mansuetus Born, der kleine Gottfried von einst. Seine Haare und sein Bart waren grau geworden, seine Haltung gebeugt, und um seine Gesundheit stand es nicht zum besten. Aber aus seinen Augen leuchteten noch die Begeisterung und der jugendliche Eifer für den Dienst an Gott und den Menschen. Seine Gedanken eilten zurück zu seiner Jugendzeit in Lennep und zu dem Tag, an d.em er mit Onkel Augustin die Heimat verließ. Wie groß war ihm die Welt erschienen, und wie unendlich weit war der Weg nach Köln ihm vorgekommen! Und dann hatte ein neues Leben begonnen! Ja, er konnte wohl sagen: Jeder Augenblick war ausgefüllt gewesen! Die Lehr- und Studienjahre in Köln, die mit der Priesterweihe und den Ordensgelübden abschlossen, dann der Dienst in den verschiedenen Klöstern des Ordens und schließlich der denkwürdige Tag, an dem ihm sein Ordensoberer den Auftrag gab, die Niederlassung in seiner Heimatstadt Lennep zu übernehmen als ihr Vorsteher! Das hatte er sich nie zuvor träumen lassen, daß er einmal Nachfolger des verehrten Onkels werden könnte. Die Reise nach Lennep konnte er nie vergessen! Wie hatte er sich auf das Wiedersehen mit der Heimatstadt, mit Eltern und Geschwistern gefreut! Die Pferde des Kaufmannswagens, der ihn von Köln aus mitgenommen hatte, liefen ihm viel zu langsam. Und als endlich die Mauern, Türme und Tore der bergischen Hauptstadt vor ihm auftauchten, hatte er aus Herzensgrund gebetet: „Herr, laß mein Wirken meiner Heimat Segen bringen!“

Ja, dieses Gebet war wohl erhört worden, er hatte den Segen immer wieder verspürt. Die katholische Gemeinde in Lennep war gewachsen, die kleine Niederlassung zu einem richtigen Kloster mit 12 Patres geworden, ein Klostergebäude war erbaut worden, und heute endlich wurde auch die Kirche, die vor vier Jahren fertig, geworden war, feierlich eingeweiht.

Aber schwer waren die Jahre doch gewesen und reich an Arbeit, Entsagung, Entbehrungen und Kämpfen! Wie viele Meilen waren sie zu Fuß gegangen, um die verstreut wohnenden Gemeindemitglieder zu besuchen! Wie weit hatten sie die Bittgänge über Land geführt, um das nötige Geld für den Bau eines Klosters und der Kirche zu erbetteln – sie waren ja zuweilen bis an den Rhein gelaufen! Wie oft hatten sie

Abweisung und unfreundlichen Spott erdulden müssen oder waren gar grob von den Türen gejagt worden! Ihre geringen Nahrungsmittel hatten sie noch mit den Ärmsten ihrer Gemeinde geteilt, und der Hunger war ihnen nicht fremd geblieben. Wie viele Kämpfe hatte es gekostet, den Platz, auf dem einstmals der Bongartshof gestanden hatte, für den Klosterbau zu erwerben! Viele Wege hatten sie machen müssen, bis der Rat der Stadt, die Tuchmacher, die auf dem Platz auf großen Rahmen ihre Gewebe trockneten, und schließlich noch der Herzog des Landes dem Kaufe zustimmten. Dabei aber hatten der Gottesdienst, der Unterricht der Kinder, die Krankenbesuche, Taufen, Trauungen und Begräbnisse nicht vernachlässigt werden dürfen. Und dann hatte der Bau begonnen. Vier Jahre hatten sie am Klostergebäude gebaut, 15 Jahre an der Kirche. Ja, manche Schweißtropfen hatten er und seine Mitbrüder vergossen und mutlose Stunden hatte es auch zuweilen gegeben. Jedesmal aber, wenn es schien, nun sei kein Weiterkommen, kamen. Stiftungen und Spenden von wohlmeinenden, frommen Menschen. Dankbar erinnerte sich Pater Mansuetus an die vielen Helfer, derer die Ordensgemeinschaft regelmäßig in Gebet und Gottesdienst gedachte.

Und nun würde er wohl bald sein Werk in jüngere Hände geben dürfen, dachte der Vorsteher im Stillen, und er seufzte leise. Seine Eltern und Onkel Augustin waren schon lange in die Ewigkeit vorausgegangen – ach, wie würden sie am heutigen Tage gestaunt und sich gefreut haben, daß die Saat, die sie gesät hatten, so prächtig aufgegangen war!

Da brauste der Schlußchoral des „Großer Gott, wir loben Dich" durch die Kirche, und Pater Mansuetus schreckte aus seinen Gedanken hoch. Aus Herzensgrund stimmte er in den Gesang ein.

„Ein schöner Tag soll es werden", sagte er zu sich selbst, „für alle, die hier sind", und er folgte den Mitbrüdern und Gästen ins Refektorium, den Speisesaal des Klosters, wo ein bescheidenes, doch festliches Mahl bereitstand.

*

„Wenn man von all diesen Mühen damals hört", sagte Mutter nachdenklich, „dann tut es einem richtig weh, daß das Kloster abgerissen wurde und die Kirche so vernachlässigt und verkommen dasteht. Es sind soviele Opfer für diese Bauten gebracht worden, man sollte wenigstens die Kirche wieder würdig herrichten, sie vielleicht mit alten Erinnerungen schmücken und ab und zu einen Gottesdienst oder ein Fest in ihr feiern!"

„Das wäre schön, wir würden auch beim Schmücken helfen wie die Familie Born“, riefen die Kinder.

„Wer aber bezahlt das Erneuern?“, gab Vater zu bedenken. „Es müßte sich schon ein Kreis von Bürgern finden, der etwas für seine Stadt tun will, so wie es früher oft in Lennep der Fall war. Nun vielleicht ließe sich diese Idee einmal verwirklichen!“

„Wann wurde eigentlich die jetzige katholische Kirche gebaut?“, fragte Peter.

„Vor 112 Jahren, am 5. September 1868, wurde sie eingeweiht“, antwortete Vater. „Die alte Klosterkirche war seit vielen Jahren zu klein geworden. Es wird berichtet, die Menschen hätten bei den Gottesdiensten draußen oder im Kreuzgang des Klosters gestanden, obwohl man schon eine Empore gebaut hatte, die über die halbe Kirche ging. 30 Jahre lang mühten sich die Pfarrer und die Gemeinde um einen Neubau, bis sie endlich Hilfe dafür bekamen. Zur katholischen Gemeinde von Lennep gehörten 1850 etwa 3000 Menschen. So hatte sich Lennep vergrößert!“

„Heute haben wir aber wirklich viel über die alte Zeit in Lennep gehört“, meinte Mutter und erhob sich. „Es ist nur gut, daß es bei uns heute keine Glaubenskämpfe mehr gibt, und daß die evangelische und die katholische Gemeinde auf vielen Gebieten zusammenarbeiten und sich vertragen. Zweimal im Jahr haben wir ja auch gemeinsame Gottesdienste. Ich wäre froh, wenn die unselige Spaltung einmal ganz überwunden würde. Sie hat genug Leid über viele Familien gebracht!“

„Dann könnten Elke und ich immer zusammengehen am Sonntag“, stimmte Karin zu, „ich habe das heute schön gefunden.“

Lennep – eine Tuchmacherstadt

„Mutti, Peter, Elke und ich sind zum Geburtstag eingeladen! Schau mal, eine richtige Einladung hat die Petra geschrieben!", rief Karin schon auf der Treppe, als sie mittags aus der Schule kamen.

Sie schwenkte das Briefchen und begann laut zu lesen: „Am Donnerstag, dem 20. September, feiere ich meinen Geburtstag. Kommt bitte um 15 Uhr in die Arnold-Wilhelm-Straße in der Kammgarn. Es gibt Waffeln mit Sahne, und wir machen schöne Spiele. Petra.“

Kammgarnspinnerei – Verkehrsknotenpunkt Trecknase – Barmag.
Freigegeben durch den R. P. Düsseldorf, Nr. 03 D 1056

„Wir dürfen doch, Mutti?“, bat Karin. „Die Petra ist immer so lustig und nett!“

„Aber ja“, antwortete Frau Schmidt, „ich habe nichts dagegen, wenn ihr eure Freunde besucht. Wißt ihr denn überhaupt, wo die Arnold-Wilhelm-Straße ist?“

„Nein“, sagte Karin verdutzt, „wir waren noch nie da, aber es steht ja hier ‚in der Kammgarn', Was ist das, Mutti, ‚die Kammgarn'?“

„Da wird Garn gekämmt“, neckte Peter die Schwester.

„Blödsinn“, gab Karin zurück.

„Nun seid mal still“, befahl die Mutter, „wir wollen jetzt essen.“ Aber als sie um den Tisch saßen und die beiden es sich schmecken ließen, begann die Mutter zu erzählen.

„Die Kammgarnspinnerei ist eine große Fabrik“, sagte sie, „in der viele. Lenneper und auch Ausländer arbeiten. Dort wird auf riesigen Ringspinnmaschinen Kammgarn gesponnen. Das sind besonders lange, feine, glatte Wollfäden, aus denen gute, wertvolle Stoffe gewebt werden.“ „Dann gibt es dort auch Webstühle?“, fragte Peter interessiert.

„Nein“, erwiderte Frau Schmidt. „Früher war Lennep ja einmal eine berühmte Tuchmacherstadt. Im 18. Jahrhundert gab es über 300 Webstühle, und um das Jahr 1850 sollen 24 Tuchfabrikanten hier gewesen sein, aber heute gibt es in Lennep keine Weberei mehr. Als die großen mechanischen Webstühle erfunden wurden, die man nicht mehr mit Händen und Füßen bedienen konnte, brauchte man Wasserkraft, um sie zu bewegen, das war vor etwa 150 - 160 Jahren. Dazu reichte der Lennepebach nicht, und viele Fabrikanten zogen an die Wupper, hauptsächlich nach Dahlhausen und Dahlerau, wo ja heute noch zwei große Tuchwebereien arbeiten. Andere ärmere Fabrikanten mußten ihre Webereien aufgeben, da sie sich die großen Maschinen nicht leisten konnten und auch keine Wasserrechte kaufen konnten. Heute könnten sie die Elektrizität benutzen, aber diese Kraft kannte man damals noch nicht. Zwei Tuchfabriken an der Wupper – das ist alles, was von der Tuchmacherei noch übriggeblieben ist. Eine dieser Fabriken webt Tuche aus den Garnen, die in Lennep in der Kammgarn gesponnen werden.“

„Ich möchte mal die großen Spinnmaschinen sehen“, warf Peter ein.

„Da mußt du Petras Vater fragen, ob er sie dir zeigen kann“, schlug Mutter vor. „Wenn er in den Werkshäusern wohnt, wird er wohl in der Fabrik arbeiten.“

Am Abend nach der Geburtstagsfeier kamen die beiden vergnügt nach Hause. „Es war richtig lustig“, erzählte Karin, „wir haben

‚Schwarzer Peter' und ‚Verstecken' gespielt und in Petras neuem Kasperletheater ein Stück aufgeführt!"

„Und morgen um vier Uhr dürfen wir zu Petras Vater kommen, er hat uns eingeladen, die Fabrik zu sehen, er hat dann Zeit!"

„Na", meinte Vater Schmidt, „dann solltet ihr heute abend noch etwas über die Tuchweberei im alten Lennep nachlesen, damit ihr früher und heute mal vergleichen könnt."

Er holte das alte Buch heraus und schlug es auf. „Anton wird Tuchmacher" stand da als Überschrift, und Peter bot sich an vorzulesen.

Anton wird Tuchmacher

Kaum war die Sonne an einem Frühlingstag des Jahres 1597 aufgegangen, da baten am Lüttringhauser Tor der alten Stadt Lennep ein Vater mit seinem Sohn um Einlaß.

„Na, Vater Caspar aus Endringhausen", begrüßte der Torwächter die beiden, „habt ihr schon so früh in der Stadt zu tun?"

„Das haben wir", entgegnete Caspar. „Das hier ist mein Sohn Anton, der will hier in der Stadt das Weberhandwerk erlernen."

„Da müßt ihr zu Brudermeister Dietrich aufs Wollamt gehen", gab der Torhüter Auskunft.

„Ich weiß", nickte Caspar. „Der weiß schon Bescheid über unser Kommen. Anton soll bei meinem alten Freund Pitter Vischer in die Lehre."

„Ein guter Lehrer, fürwahr", lobte der Wächter. „Vom Pitter Vischer wird gesagt, er habe immer genug Aufträge wegen seiner sorgfältigen Arbeit, und er habe feste Abnehmer bei den Kaufleuten und brauche nicht auf die Märkte zu ziehen."

„Das hört man gern", meinte Caspar, und der Wächter ließ sie passieren.

Die Stadt war schon zu regem Leben erwacht. Die meisten Haustüren standen offen. Aus den Ställen hörte man Muhen, Grunzen und Gackern. Frauen gingen mit Kannen und Eimern zum Brunnen oder an die Pumpe. Andere holten Holz von den an den Häusern aufgestapelten Stößen, und bald sah man die Schornsteine rauchen und roch den feinen Duft der Buchenscheite und der Morgensuppe. Aus vielen Häusern drangen klappernde Geräusche auf die Straße, denn die Weber hatten ihre Webstühle in Gang gesetzt und begannen mit der täglichen Arbeit. In den Spinnwinkeln surrten die Spinnräder, und manch fröhliches und frommes Morgenlied drang aus den geöffneten Fenstern. In der Kirche begann der Frühgottesdienst, Kinder wanderten zur Schule, während andere den Eltern im Haushalt oder beim Zupfen und Krempeln der Wolle helfen mußten. Auf dem Platz des alten abgebrannten Bongartshofes prüften einige Weber, Färber und Tuchscherer ihre aufgespannten Laken, und an den Stadttoren trafen sich Männer mit Kiepen voll gefalteter Wolltücher für die Märkte und Kunden der Nachbarstädte.

Caspar und sein Sohn wurden auf dem Wollamt freundlich empfangen. Meister Vischer hatte sie angemeldet und erwartete die beiden. „Herr Dietrich wird gleich da sein", sagte er. „Er prüft gerade einige

Tuche, die nach Kleve auf den Markt sollen. Sie sollen als „Lenneper Tuch" verkauft werden, da hält die Prüfung genau, wir haben ja einen guten Ruf zu verlieren. Länge und Breite des Tuches müssen genau stimmen, es muß dicht gewebt und glatt geschoren sein."

Kaufleute mit ihren Tuchballen

Als Herr Dietrich kam, wurde der Lehrvertrag aufgesetzt. Anton mußte versprechen, Gott, dem Rat der Stadt, dem Brudermeister, den Zunftbrüdern, vor allem aber Meister Vischer treu und ehrlich zu dienen. Vater Caspar mußte vier Gulden Lehrgeldzahlen; dem heiligen Jakob, dem Schutzpatron der Wollweber, an seinem Altar eine große Wachskerze opfern und während der Lehrzeit für Antons Kleidung, die Blauleinenkittel, sorgen. Meister Vischer aber versprach, Anton Wohnung und Nahrung zu geben und ihn alles zu lehren, was ein tüchtiger Wollweber wissen muß. Antons Name wurde ins Handwerksbuch eingetragen, dann lud Meister Vischer die beiden zum Mittagsmahl ein.

Am Nachmittag wollten Vater und Sohn sich noch in der Stadt umsehen und Besuche und Besorgungen machen, und am Abend sollte Anton zum ersten Mal im Hause des Meisters schlafen. Er hatte erst ein wenig Angst vor dem Alleinsein ohne Eltern und Geschwister, aber bald merkte er, daß es sich bei Meister Pitter gut aushalten ließ.

Nach der Abendmahlzeit saßen der Meister, der Geselle, die Familie und Anton noch ein wenig in der Stube. Die Arbeit ruhte jetzt, und der Meister kam ins Erzählen.

„Siehst du, Anton", sagte er, „hier in Lennep leben viele Menschen von der Tuchherstellung. Die Kaufleute besorgen uns die Wolle. Sie kommt von weit her, von den Märkten in Lüneburg, Magdeburg und Braunschweig. Dort gibt es in der Nähe Schafherden, bei uns gibt es nicht genug Schafe. Sogar von England haben wir schon Wolle bekommen. Die feinste Wolle ist die Lammwolle, die verarbeite ich auch in meiner Webstube. Nur in Lennep darf diese Wolle mit Erlaubnis des Herzogs verarbeitet werden.

Nach dem schlimmen Stadtbrand vor 60 Jahren herrschte so viel Not in unserer Stadt, daß der Herzog uns Webern helfen wollte, denn feines Tuch bringt uns mehr Verdienst als das grobe."

„Ich weiß", rief Anton, „zu Hause auf unserem Hof weben wir nur grobe krause Schafswolle, weil wir die andere nicht bekommen. Ich habe schon dabei geholfen. Aus den Tuchen kann man Säcke und Tragtücher machen und grobe Kittel."

„Ja, ja, aber die Weber auf dem Land machen uns oft Sorgen", seufzte der Meister. „Sie halten sich nicht immer an des Herzogs Gebot, nur für ihren Haushalt zu weben. Sie verkaufen die groben, schlecht gewebten Sachen auf den Märkten und nennen sie Lenneper Tuch. Das schadet unserem Ruf, und wir verlieren Kunden."

„Wohin verkauft Ihr Eure Tuche, Meister?", fragte Anton wißbegierig.

„Meist nach Dortmund", antwortete Meister Vischer. „Der Wandschneider Arnold Bockholt bestellt seit vielen Jahren bei mir."

„Und wie viele Laken schafft Ihr im Jahr?", fragte Anton weiter.

„Nun, so zwölf", meinte der Meister. „Sie sind 50 Ellen lang, und es müssen 1000 bis 1600 Kettfäden gespannt werden für jedes Tuch. Aber ehe das Weben beginnt, muß die Wolle gewaschen, gezupft, gekratzt und zu Fäden versponnen werden – das lasse ich in den Spinnwinkeln machen. Nach dem Weben wird das Tuch gewalkt, gewässert, gefärbt, getrocknet und geschert. Viele Hände arbeiten an einem solchen Tuch, bis es fertig ist. Ein Zeichen bekommt es auch noch, damit es nicht verwechselt wird in der Walkmühle, beim Färben oder Scheren. Unser Zeichen ist ein Dreieck mit einem Pfeil. Nun, Anton, für heute hast du genug erfahren, morgen geht die Arbeit los, und du wirst alles sehen."

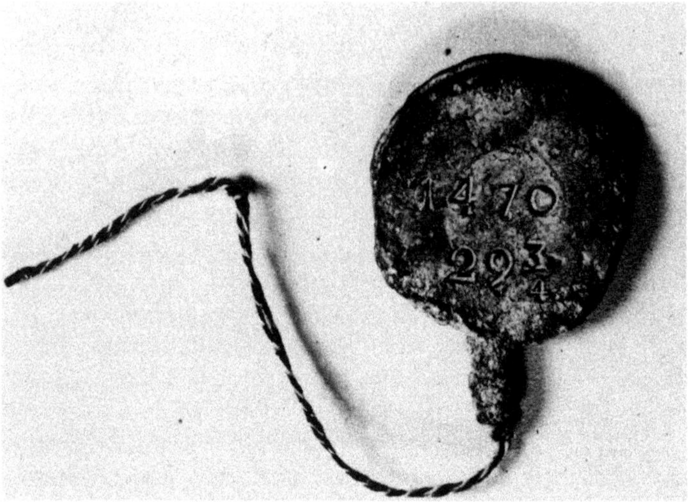

Alte Wollsiegel

Anton schlief mit Tönis, dem Gesellen zusammen. Das war ein lustiger Bursche. Er hatte in Köln das Handwerk gelernt und schon allerhand von der Welt gesehen. Abends vor dem Einschlafen erzählte er Geschichten, und Anton hatte gar keine Zeit, Heimweh zu bekommen. Zwei Wochen später bei einer Zusammenkunft stellte Meister Vischer Anton den Zunftsbrüdern vor, die in Lennep sich ‚Bruderschaft des löblichen Wullenhandwerks' nannten. Er hatte sich inzwischen schon gut eingelebt, die Arbeit am Webstuhl machte ihm Freude. Wenn der Meister ihn nicht brauchte, half er der Meisterin beim Wasser- und Holztragen für die Küche und bei den Arbeiten in Garten, Stall und Feld, denn damals hatte jeder Handwerker auch noch Bauernwirtschaft, von der allein er aber nicht leben konnte. Manchmal allerdings bekam Anton Sehnsucht nach der Natur und dem freien Herumstreifen in den Wäldern, wie er es in Endringhausen gedurft hatte. Meister Pitter hatte Verständnis dafür, und wenn er außerhalb des Hauses zu tun hatte, nahm er Anton immer mit.

So gingen sie einmal zu den Walkern in die Jakobsmühle im Lennepebachtal. Während Meister Pitter mit den Männern verhandelte, die auch der Jakobsbruderschaft angehörten, schaute Anton interessiert zu, wie das große Wasserrad sich drehte und die schweren Hämmer in Kümpe fielen, in denen die feuchten mit Tonerde bedeckten Tuche lagen. Ganz weich und dicht wurde das Tuch geschlagen, die letzten Fettreste verschwanden aus der Wolle, aber das Tuch wurde auch kleiner durch die Nässe und das Stoßen. Staunend sah Anton zu, wie das Tuch nach dem Walken gewässert, gespült und gespannt wurde, bis es annähernd seine frühere Größe erreichte.

Ein andermal begleitete er den Meister in die Wollküche, wo die Wolle gewaschen wurde, dann in die Färberei, wo Meister Ferwer die Tuche braun, schwarz, grau, gelb, rot oder grün einfärbte. Wie er das machte, verriet er niemand. Viel Wasser wurde aber beim Waschen und Färben verbraucht, Meister Ferwers Gehilfen holten es aus dem Stadtgraben. Zu Hause erzählte dann Meister Vischer, daß es noch Farben gebe, die man in Lennep nicht herstellen könne. Für veilchenbraun und kölnischgrau müsse man die Tuche bis nach Köln oder gar nach Aachen zum Einfärben bringen.

Auch zu den Trockenrahmen und den Tuchscherern, die die Tuche glätteten und schönten, begleitete Anton den Meister, aber am liebsten ging er mit ihm in die Spinnwinkel, wo der Meister seine Wolle spinnen ließ. Oft lief er sogar abends nach getaner Arbeit noch dorthin, denn in den Spinnstuben trafen sich die Nachbarn, und noch nie hatte Anton so viele spannende und gruselige Geschichten gehört, wie sie dort erzählt wurden. Da war die Rede von einem Klüngelpelz, der nachts in der Neugasse späte Heimkehrer erschreckte; von einem Hund mit glühenden Augen, der bei Endringhausen leben sollte, wurde erzählt; andere sprachen vom ewigen Fuhrmann, der zwischen Lennep und Hackenberg hin- und herfahren mußte, und von einer Frau, die im Grabe keine Ruhe fand, weil sie ihr Erbe ungerecht verteilt hatte; sogar ein Greuelhaus voller Gespenster sollte es in Lennep geben. Wenn das Erzählen in vollem Gange war, schauderten die Frauen und Mädchen und auch Anton fürchtete sich und rannte schnell nach Hause, wenn der Abend beendet war, um ja nicht dem Klüngelpelz zu begegnen.

Der Meister lachte nur über die Geschichten und meinte, er habe noch nie ein Gespenst gesehen, und mindestens in Lennep gäbe es solche nicht. Aber dessen war Anton sich nicht sicher. Er erzählte abends dem Tönis vom Klüngelpelz, aber der schien auch nicht zu wissen, ob es Gespenster gab. Anton konnte ja nicht sehen, daß Tönis still vor sich hinlachte.

Der Klüngelpelz

Als Anton an einem der nächsten Abende rasch heimlaufen wollte, hörte er plötzlich hinter sich lautes Kettengerassel. Erschrocken drehte er sich um – da stand im Schatten eines Hauses ein zotteliges Wesen, rasselte mit langen Ketten und brummte laut. Anton schrie auf und begann zu rennen. Aber das Rasseln und Brummen verfolgte ihn noch zwei Straßen weit – dann war es plötzlich still. Mit dem Ruf: „Der Klüngelpelz, der Klüngelpelz!“ stürzte der Junge in die Stube, aber keiner der Familie wollte ihm sein Erlebnis glauben. Nur Tönis, der etwas später nach Hause kam und so vergnügt aussah wie selten, hielt die Geschichte für wahr. „Er soll sich heute abend wirklich gezeigt haben“, sagte er und zwinkerte dem Meister hinter Antons Rücken zu. Der schwieg und schüttelte den Kopf. Ehe sie zu Bett gingen, nahm er Tönis beiseite. „Mach das nicht nochmal, du Klüngelpelz!“ sagte er und hob warnend den Finger. „Du hast Glück gehabt, daß der Nachtwächter dich nicht erwischt hat, der hätte dir was anderes gesagt!“ Doch der lustige Tönis lachte nur. Anton aber wurde von diesem Tag an der große Held im Spinnwinkel; jeden Abend erzählte er von neuem, wie er den Klüngelpelz gesehen und sich gar nicht vor ihm gefürchtet hatte, und jeden Abend wurde seine Geschichte ein bißchen länger.

Nach einem halben Jahr reiste der Meister mit drei anderen Webern, dem Hinrich Moll und dem Caspar Frowyn, mit den geprüften, mit einem Gütesiegel versehenen Laken nach Dortmund. Sorgfältig hatten sie einen Karren gepackt und ein kräftiges gemietetes Maultier vorgespannt. Anton und Tönis sollten zu Hause bleiben und an dem angefangenen Laken weiterarbeiten. Sie begleiteten den kleinen Zug bis ans Schwelmer Tor und winkten eine Weile hinterher. Die Meisterin war die Reisetage über sehr aufgeregt, denn im Niederbergischen hatte man spanische Reiter gesichtet, die vom holländischen Kriegsschauplatz herübergekommen waren. Solche waren auch im letzten Jahr im Bergischen Land gewesen, sie hatten in Lennep geplündert, zerstört und Unheil angerichtet. Würden sie auf die Tuchhändler treffen, wäre die Arbeit eines halben Jahres vergebens gewesen, wenn nicht noch Schlimmeres passierte. Aber den Wandschneider durfte man auch nicht warten lassen, er brauchte die Tuche und man wollte ja auch Lohn und neue Aufträge. So vergingen die Stunden langsam, aber am Abend des fünften Tages stand plötzlich der Meister in der Stube und warf lachend den Beutel mit dem Lohn auf den Tisch. Die Freude war groß, die Familie feierte zusammen, und auch der Geselle Tönis erhielt seinen Anteil. Gut gelaunt schenkte der Meister dem Anton zwei Schillinge, es war sein erstes eigenes Geld, und er freute sich schon auf den nächsten Markttag, an dem er sich ein schönes Messer dafür kaufen wollte.

Drei Jahre lernte Anton das Handwerk, dann bestand er vor dem Brudermeister und den Ältesten der Zunft die Gesellenprüfung. Er mußte ein Gesellenstück liefern – ein fehlerfrei gewebtes Tuch – und mußte über alle Geheimnisse der Tuchfertigung und über alle Wollsorten, ihre Herkunft, Qualität und Preise Bescheid wissen. Es zeigte sich, daß Meister Vischer ihn gut gelehrt hatte, er bestand die Prüfung und wurde freigesprochen.

Nun hieß es Abschiednehmen von Meister und Meisterin; Anton wollte noch mehr lernen und in Köln in einer berühmten Weberei weiter arbeiten. „Später", sagte er zum Abschied, „komme ich sicher wieder nach Lennep!"

„Dann bin ich alt", entgegnete der Meister, „vielleicht kannst du dann meinen Webstuhl übernehmen!"

*

„Das war ja lustig mit dem Klüngelpelz", sagte Karin, als Peter endete, „ich hätte mich nicht gefürchtet, es gibt doch gar keine Gespenster!"

„Aber man glaubte früher daran", erklärte Vater Schmidt. „Man kann es auch verstehen. Es gab ja keine Straßenbeleuchtung, jeder Schatten wirkte unheimlich. Nur der Ruf des Nachtwächters unterbrach die Stille. So war jedes Geräusch verdächtig. Alles, was man sich nicht natürlich erklären konnte, schrieb man Geistern zu. Die Menschen hatten mehr Angst und fühlten sich gefährdeter als heute."

Die Kinder waren nachdenklich geworden. „Es war überhaupt vieles anders als heute", meinte Peter. „Der Anton wohnte beim Meister, der Fritz nebenan ist auch Lehrling, der kommt aber abends immer nach Hause. Der Anton half der Meisterin immer in der Küche und im Garten – das macht der Fritz auch nicht. Der muß auch nichts bezahlen, der kriegt Geld vom Meister für das Lernen."

„Das ist richtig", sagte Vater, „aber damals mußte der Meister auch abends auf den Lehrling aufpassen und sich um sein gesamtes Leben kümmern!"

„Ich bin auf morgen gespannt", rief Peter.

„Vergeßt nicht, euch bei Petras Vater zu bedanken für seine Mühe", mahnte die Mutter.

Am nächsten Abend konnte Peter nicht fertig werden, den Eltern von der Besichtigung zu berichten. Er hatte zum ersten Mal eine große Fabrik gesehen und war sehr beeindruckt von den riesigen Hallen, den großen Spinnmaschinen, den dicken Garnsträngen, vor allem aber von der Geschwindigkeit, mit der sich alles bewegte.

„Nein, Vater“, meinte er am Ende seiner Erzählung, „das kann man gar nicht vergleichen mit der Geschichte vom Anton und den Spinnwinkeln. In der Kammgarn könnte heute niemand Gespenstergeschichten beim Spinnen erzählen, da muß jeder auf seine Maschine aufpassen.“

"Weißt du auch, wann die Fabrik gebaut wurde und wem sie gehört?", fragte Vater.

„Das hat uns Petras Vater erzählt“, gab Karin zur Antwort. „1880 ist sie erbaut worden, und sie gehört der Familie Hardt, die schon 300 Jahre in Lennep ansässig ist und immer Garne und Tuche herstellte und verkaufte. Aber der Firmenname ist ‚Wülfing und Sohn'.“

„Richtig“, sagte Vater, „ihr habt ja doch gut zugehört. In Lennep gab es einige solcher reicher, führender Familien, z. B. Familie Moll, Familie Wülfing, Familie Schürmann und Familie Schröder, sie alle stellten Tuche oder andere Textilien her und dienten der Stadt als Ratsherren, Schöffen, Bürgermeister oder Richter. Nach ihnen sind viele Straßen

Spinnmaschinen in der Kammgarnspinnerei

benannt, z. B. Mollplatz, Hardtstraße, Wülfingstraße, aber man wählte auch ihre Vornamen für Straßenbezeichnungen. Nach der Familie Hardt sind hier genannt die Arnold-Wilhelm-Straße, die Augustenstraße, die Gerdastraße, die Friedrichstraße, die Hermannstraße und die Hildegardstraße."

„Warum so viele Straßen nach einer Familie?", wunderte sich Karin. „Nun, das muß man aus der damaligen Zeit heraus verstehen", erklärte Vater Schmidt. „Die Stadt Lennep hatte oft Grund, sich zu bedanken für Spenden an Geld oder Baugrund, die sie von diesen Familien bekam, z. B. für das frühere Säuglings- und Schwesternheim in der Sauerbronnstraße, für das frühere Krankenhaus in der Hackenberger Straße, für Zuschüsse zum alten Hallenbad oder zum Schülerheim der Fahrschüler der Röntgenschule an der Teichstraße. Einige dieser Bauten stehen ja noch und dienen auch heute noch gemeinnützigen Zwecken."

„Herr Francke hat auch mal erzählt, daß die Lenneper Bürger viel für ihre Schulen stifteten", warf Karin ein.

„Ja", stimmte Vater zu, „das war schon rechter Bürgersinn, der damals gezeigt wurde. Aber – wer hätte auch sonst etwas für die Stadt tun können als diese Bürgerfamilien? Die meisten Menschen lebten doch recht einfach und arm, besonders aber die Arbeiterfamilien kamen ins Elend, als das Maschinenzeitalter begann. Man mußte damals bis 12 Stunden täglich und mehr in der Fabrik arbeiten, dafür gab es einen Lohn, von dem die Familien kaum leben konnten.

Man hat errechnet, daß eine Arbeiterfamilie in Deutschland im Durchschnitt oft keine 100 Mark Monatseinkommen hatte, aber stets eine zahlreiche Kinderschar ernähren mußte. Da waren die Mütter oft gezwungen mitzuarbeiten, die Kinder waren sich selbst überlassen und verwahrlosten. Als die Webrahmen noch zu Hause in den Webstuben standen, arbeitete auch die ganze Familie, aber Eltern und Kinder waren doch zusammen. In Lennep gab es zwar nicht so viel Industrie wie in Remscheid oder Wuppertal, aber es waren auch hier viele Familien betroffen.

Damals kamen aus Westpreußen arme Familien hierher, um Arbeit zu finden. Großvater hat noch erlebt, daß an schneereichen, nassen Wintertagen einige Schulkameraden fehlten, weil sie keine festen Schuhe besaßen. Man hat sich bemüht, diesen Menschen zu helfen. Die Familie Hardt ließ bei der Kammgarnfabrik 200 Wohnungen für ihre Werksangehörigen erbauen - eure Freundin Petra wohnt ja dort. Sie bauten auch Heime für alleinstehende Arbeiterinnen und Arbeiter und richteten Kinderschulen ein für die Kleinen, deren Eltern in der Fabrik arbeiteten.

Man suchte nach neuen Wegen, den Menschen zu helfen, denn damals hat sich durch die Industrie das Leben der Menschen völlig verändert. Das Mittelalter mit den Bruderschaften der Wollweber und den alten Zunftgebräuchen war endgültig vorbei, die alten Ordnungen waren aufgelöst – aber neue Möglichkeiten, allen Menschen ein gesichertes Dasein zu ermöglichen, hatte man noch nicht gefunden."

Mutter Schmidt blickte auf ihre beiden Kinder. „Na, Vater, das haben die beiden wohl noch nicht ganz verstanden", meinte sie, „es war auch noch zu schwer für sie."

„Das schadet nichts", sagte Vater, „wichtig ist nur, das ihr stets bereit seid, Verantwortung zu übernehmen, mitzuarbeiten, und euer bestes für die Gemeinschaft und eure Mitmenschen zu tun."

Lennep - eine preußische Kreisstadt

Opa Lohmanns 80. Geburtstag

Aus den Fenstern eines kleinen bergischen Häuschens am Munsterplatz schallte am Morgen des 7. Mai 1880 froher Gesang von vielen Kinderstimmen. Man konnte die Lieder „Nun danket alle Gott, mit Herzen, Mund und Händen" und das bergische Heimatlied „Wo die Wälder noch rauschen" gut verstehen. Die Frauen, die mit Wasser von der Pumpe kamen, blieben stehen und lauschten.

„Na", meinte eine der Nachbarinnen, „Opa Lohmann beginnt ja schon früh seinen Geburtstag zu feiern! Wie frisch er doch in dem hohen Alter noch ist!"

„Die Posthalterei ist ihm gut bekommen", lachte eine andere. „Aber seine Enkel und Urenkel singen genau so hübsch, wie er das Posthorn blasen konnte!"

„Ja, es ist eine musikalische Familie", stimmte die erste zu. „Er hat uns früher schon viel Freude mit der Musik bereitet – ich gehe auch nachher gratulieren!"

Drinnen war der Gesang verklungen. Die beiden Enkeltöchter mit ihren Kindern gratulierten und umarmten den Opa, der sich strahlend für das Ständchen bedankte. „Das Heimatlied ist mein liebstes Lied", sagte er, „ihr habt es wunderbar gesungen!"

Alle Kinder gingen nun gemeinsam zum Bahnhof, um die Tante mit ihren Söhnen abzuholen, die mit der Eisenbahn von Barmen-Rittershausen kam. Auch von Radevormwald wurde noch ein Neffe von Opa Lohmann mit seiner Frau erwartet, aber die Postkutsche würde erst am frühen Nachmittag eintreffen, eine Bahn nach Krebsöge und weiter nach Radevormwald war noch nicht gebaut.

Nach Mittag begannen die Frauen in der Stube eine große bergische Kaffeetafel herzurichten. Schneeweiß glänzte das beste linnene Tischtuch. Das schöne Service mit dem blauen Zwiebelmuster wurde aufgedeckt. Und zur Freude der Kinder trugen die Mütter bald allerlei Köstlichkeiten auf: Korinthenstuten, Berge herrlich duftender warmer Waffeln, Milchreisbrei mit Zucker und Zimt bestreut, Schwarzbrot, Butter, Honig, Quark. Apfelkraut, Zwieback und Burger Brezeln. Zuletzt aber stellten sie Opas alte Dröppelmina, die schöne zinnerne Familienkaffeekanne auf den Tisch, und der feine Geruch des starken Kaffees verbreitete sich in der Stube.

Dröppelmina

„Laßt es euch allen schmecken", lud Opa ein, „heute ist genug für alle da!"

Eine Weile war es ganz still in der Stube, die Kinder griffen ordentlich zu, denn solche Köstlichkeiten in solch reicher Menge gab es wahrlich nicht alle Tage. Schon zu Mittag hatte es eine Überraschung gegeben – für jedes Kind war eine Bratwurst da – Opas Geburtstag war wirklich ein wunderbares Fest!

Da klopfte es an der Haustür und herein marschierten drei Postillione in Stiefeln und blauen Uniformen, auf dem Kopf den Helm mit dem Federbusch, das Posthorn in der Hand. Und ehe die Geburtstagsgesellschaft sie begrüßen konnte, setzten sie die Hörner an und bliesen dreistimmig: ‚Wie lieblich schallt durch Feld und Wald des Waldhorns süßer Klang!'

Herrlich hörte sich diese Melodie an! Die Kinder hielten vor Staunen den Mund auf und vergaßen das Essen, Opa aber hatte nasse Augen vor Rührung und Freude. „Christian, Philipp, Karl", sagte er mit zitternder Stimme zu seinen früheren Kollegen, „wie soll ich euch das danken – welche Freude, nochmal das Posthorn zu hören wie in alten Tagen!"

„Kinder, macht etwas Platz, die Postler mögen auch ein Täßchen Kaffee, und ein Schnäpschen wollen wir ihnen auch ausschütten!", sagte Mutter Gertrud zu den Kindern gewandt.

Die Kinder standen auf, und als die Männer sich gesetzt hatten meinte Christian, der älteste der drei: „Ach ja, es war doch schön, so auf dem Kutschbock zu sitzen, in die Natur zu schauen und die Lieder durch Täler und Wälder erklingen zu lassen! Das kann die neumodische Eisenbahn nicht bieten – vor lauter Dampf und Lärm würde man die Töne gar nicht hören!"

„Aber bei Regen und Wind ist es schon gemütlicher in der Lokomotive als auf dem freien Sitz des Postillions", entgegnete Philipp.

„Was haltet Ihr davon, Opa Lohmann? Ihr habt doch die alte Zeit noch erlebt, erzählt doch mal davon!", bat Karl, ein noch gar junger Kutscher.

Alle schauten den Großvater an. Der lächelte vor sich hin, aber dann begann er zu sprechen: „Nun", sagte er bedächtig, „ich glaube, jede Zeit hat ihre eigenen Bedingungen und Lebensweisen. Seit ich geboren wurde, hat sich so vieles verändert, zum Guten und zum Schlechten, man kann das Alte nicht immer festhalten, so schön es auch war. Ich war sehr gerne Postkutscher, und wie gern hab' ich das Posthorn geblasen. Als der Kaiser Napoleon 1813 besiegt wurde und unser

Postkutsche

Land befreit war, kamen wir zu Preußen. Lennep wurde preußische Kreisstadt und bekam eine bedeutende Poststation. Viele Orte im Oberbergischen wurden der Lenneper Post zugeteilt. Da hab' ich mich gleich gemeldet und bin auch angenommen worden. Erst lernte ich die Pferde und Wagen pflegen, dann wurde ich Postillion. Das war ein Leben! Viermal täglich fuhr ein Postwagen vom Mollplatz nach Elberfeld; nach Barmen, Köln und Olpe gingen je zwei Wagen täglich, und je einer fuhr nach Lüdenscheid, Gummersbach, Schwelm, Remlingrade und nach Solingen, entweder über Burg oder über Müngsten. Und ebensoviele Wagen kamen hier täglich wieder an. In unseren besten Zeiten hatten wir 60 bis 70 Pferde auf der Poststation am Mollplatz. Ich bin die meiste Zeit nach Elberfeld und nach Barmen gefahren, immer die steile Knusthöhe hinauf bei Schnee und Eis, Hitze und Regen, bergauf, bergab. Zwei oder vier Pferde hatten wir vorgespannt, je nach Ladung und Wetter, die wollten auch immer gut gepflegt werden. Die Wagen aber wurden erst allmählich bequemer, in den ersten Zeiten hatten die Passagiere noch allerlei zu leiden. Über eine Leiter wurde eingestiegen, und oft haben wir gelacht, wenn die Fahrgäste so ungeschickt über die Seitenwand kletterten! Und besonders gefedert waren die Fahrgestelle nicht, auch fehlten die Sitzpolster. Ein Verdeck gegen Regen und Laternen für die Dunkelheit bekamen wir auch erst im Laufe der Jahre, das Reisen war damals kein Spaß! Die Straßen waren übel, voller Schlaglöcher und Morast. Aber Verkehr war trotzdem auf den Landstraßen, das könnt ihr euch nicht denken! Unzählige Frachtwagen voller Lasten begegneten uns täglich.

Ja, wir Bergischen sind ein gewerbefleißiges Volk, die Tuche aus dem Kreis Lennep haben heute noch Weltruf! Als die erste Dampfmaschine hier aufgestellt wurde – das war 1831 – da ging es erst richtig los. Mehr als 20 Fabriken gab es in unserem Stadtgebiet, und alle brauchten Baumaterial und Rohstoffe und wollten ihre fertigen Waren abtransportieren. Vor allem aber brauchten sie Kohle für ihre Dampfkessel. Die wurden von Pferden von Hattingen an der Ruhr bis hier heraufgeschleppt. Ganze Karawanen übermüdeter, magerer Tragpferde zogen an mir vorbei, wenn ich nach Barmen fuhr. Die Treiber waren oft recht roh, sie schlugen die Tiere mit der Peitsche und fluchten.

Nun, mit dem Bau der Eisenbahn ist das alles anders geworden, und, wie ich meine, nicht schlechter. Der Transport geht schneller, ist billiger und leichter. Seit zwölf Jahren haben wir nun die Verbindung nach Barmen. Drei Jahre hat man an der Strecke gebaut, die Arbeiter der Rotte haben allerhand Strapazen durchgestanden! Aber nun haben wir einen Bahnhof hier, der schon jetzt als Mittelpunkt der bergischen Eisenbahnen gilt. Seit sieben Jahren geht ja auch der Zug nach Wipperfürth und seit vier Jahren nach Wermelskirchen – ich möchte gern noch erleben, daß man die Bahn nach Köln durchbaut!

Alter Lenneper Bahnhof

Als der erste Zug durchkam, war ein schönes Fest. Alles rannte zum Bahnhof, die Musik spielte – aber es waren nicht mehr die Posthörner! Der Bürgermeister hielt eine Rede, und alles rief: „Vivat, hoch die Eisenbahn!", obgleich ja vorher viele gegen den Bahnbau waren, vor allem die Post- und Fuhrleute und die Pferdetreiber, denn sie hatten Angst um ihren Verdienst. Die Regierung hatte auch erst Angst vor der Bahn, denn sie bekam nun weniger Wegegelder für die Straßen. Aber ich habe immer für die Bahn gesprochen, denn Menschen und Tiere haben es leichter, und sie schafft viele Möglichkeiten zu Verbindung mit der Welt, und das ist auch gut für unsere Industrie. Ja, es gibt zur Zeit viel Neues. Gasbeleuchtung haben wir in unseren Straßen, es gibt eine Müllabfuhr, wir haben ein schönes neues Krankenhaus, und Wasserleitung und Kanal sind schon geplant. Und eine neue Fabrik, die Kammgarne macht, bauen sie, das gibt wieder Arbeit für viele. Aber die beste Änderung, die ich erlebte, war doch, als wir vor neun Jahren wieder ein einiges Deutschland bekamen. Es hat uns ja noch einen Krieg gekostet, aber nun soll ewig Friede bleiben, und es soll aufwärts gehen, hat der Kaiser gesagt. Und der muß es ja wissen. Auf unsern Kaiser Wilhelm können wir stolz sein, er soll leben! Laßt uns mal alle das Glas auf ihn erheben!"

Das brauchte Opa Lohmann nicht zweimal zu sagen. Alle waren sie ja stolz auf ihr neugegründetes deutsches Vaterland, und bald klang das Kaiserlied aus vollen Kehlen: „Heil dir im Siegerkranz, Herrscher des Vaterlands, Heil, Kaiser dir!"

Die Stube füllte sich mit Nachbarn, die zum Gratulieren kamen, es wurde erzählt, und immer wieder klang ein Lied auf, mal von der schönen Sommerzeit, mal von den tapferen Soldaten, und die drei Postillione ließen sich nicht lange bitten, noch einiges von ihrer Kunst zum besten zu geben. Höhepunkt des Festes aber war, als Opa sein altes Posthorn hervorholte und seine Lieblingslieder blies: „Der Jäger aus Kurpfalz" und „Da drunten in der Mühle".

Keiner mochte nach Hause gehen, bis die Hilde aus Barmen rief: „In einer halben Stunde geht der Zug!" Da brachen alle auf, um sie zum Bahnhof zu begleiten. Opa aber sagte: „Kinder, Kinder, was habt ihr mir heute einen schönen Tag bereitet!"

*

Peter ließ das Buch in seinen Schoß sinken. Er saß unter der Stehlampe und hatte Mutter und Karin, die mit Stricken beschäftigt waren, vorgelesen.

„Unser Opa Schmidt hat auch bald Geburtstag“, sagte Karin, „schade, daß wir kein Posthorn blasen können.“

„Mensch, den Beruf möchte ich auch haben“, seufzte Peter, „Postkutsche fahren, Pferde pflegen und das Horn blasen – einfach toll!“

„Und im Regen klatschnaß werden, zerbrochene Räder auswechseln und bei Glatteis über löcherige Straßen rutschen – einfach toll!“, gab Mutter zurück.

Alle lachten.

Aber dann fragte Karin: „Der Opa Lohmann hat einmal gesagt, Lennep wäre eine Kreisstadt geworden – was ist denn das? Heißt das so, weil Lennep rund gebaut ist?“

Mutter schmunzelte. „Nein, Karin“, antwortete sie. „Eine Kreisstadt ist nicht rund. Kreisstadt bedeutet, daß Lennep der Mittelpunkt eines Landkreises war, zu dem mehrere Städte und kleine Orte gehörten. In Lennep saß der Landrat, der den Kreis verwaltete und für alle Angelegenheiten dieser Orte zuständig war. Er hatte seinen Amtssitz im Kreishaus, das daher seinen Namen hat.“

Alter Markt um 1830.

„Ach so ist das!“, sagte Peter. „Heute sind ja die Hauptschule im Kreishaus und das Lehrerseminar. Gibt es denn keinen Kreis Lennep mehr?“

„Nein“, erwiderte Mutter Schmidt, „1929 wurde .er aufgelöst. Lennep kam zu Remscheid und wurde ein Stadtteil dieser Stadt.

„Warum?“, fragten die Kinder gleichzeitig.

„Nun“, meinte Frau Schmidt zögernd, „es gab wohl mehrere Gründe. Am besten, ihr fragt mal Herrn Francke darüber, der hat das noch miterlebt.“

Lennep – ein Stadtteil von Remscheid

Als Peter am Samstagnachmittag mit dem Fußball unterm Arm vom Bolzen auf dem Kirmesplatz zurückkam, traf er Herrn Francke vor der Haustür. „Du hast dich aber angestrengt“, begrüßte er den Jungen, „einen knallroten Kopf hast du!“

„Wir spielen nächste Woche gegen die 4b, das ist unsere Parallelklasse, da mußten wir noch trainieren“, erklärte Peter. „Aber das richtige Spiel ist im Stadion auf dem Rasen mit zwei kleinen Toren.“

„Und wer hat die besten Gewinnchancen?“, fragte Herr Francke.

„Ich denke, unsere Klasse“, erwiderte Peter vorsichtig, „aber von den anderen sind ein paar im Fußballverein, die sind auch gut. Haben Sie fotografiert?“, fragte er dann und guckte neugierig auf Herrn Franckes Fototasche.

„Ja, ich mache immer Fotos von Dingen, die sich verändern werden. Diesmal war es das alte Wasserwerk im Lennepebachtal mit den Klärteichen.“

„Ach ja, da kommt bald eine Straße vorbei, und es gibt die neue Wuppertalsperre“, nickte Peter.

„Ich habe das schon lange getan“, fuhr Herr Francke fort. „Immer wenn eine Veränderung bevorstand, habe ich den alten Zustand fotografiert, ich hab' schon eine nette Sammlung.“

„Darf ich die mal sehen?“, fragte Peter eifrig.

„Aber gewiß. Komm nachher mal rüber, die Karin kann auch mitkommen, wenn sie will“, entgegnete Herr Francke freundlich.

„Der ist doch immer nett", dachte Peter, und laut sagte er: „Wir kommen bestimmt."

Es waren aber drei, die eine halbe Stunde später an Herrn Franckes Tisch saßen, denn Karin war mit Elke kurz zuvor aus dem Hallenbad Hackenberg zurückgekommen, und beide waren gleich bereit mitzugehen. Herr Francke hatte schon die Fotosammlung bereitgelegt, und die Kinder staunten über das Innere des früheren Hallenbades an der Wallstraße, über das alte Kloster mit den dicken Mauerringen für die Pferde, über die Ecke am Röntgenmuseum, die mit dem alten Haus ganz anders aussah, als sie es kannten, und über den ersten Bahnhof. Zu jedem Bild wußte Herr Francke etwas zu erzählen.

Als aber ein Foto vom Kreishaus auftauchte, fiel Peter die Frage ein, die er stellen wollte.

„Das ist ja kein Kreishaus mehr", sagte er. „Mutter hat erzählt, daß es keinen Kreis Lennep mehr gibt und Lennep ein Stadtteil von Remscheid ist. Wieso eigentlich?"

„Tja", meinte der alte Lehrer etwas zögernd, „das ist so ein Kapitel für sich. 113 Jahre lang war Lennep Kreisstadt, von 1816 bis 1929. Wartet mal!" Er kramte in einer Schublade und holte eine Landkarte heraus. „Seht mal hier, das war der Kreis Lennep. Dazu gehörten Dhünn, Dabringhausen, Burg, Wermelskirchen, Hückeswagen, Radevormwald mit den Wupperortschaften, Ronsdorf, Lüttringhausen und Remscheid."

„Remscheid?", riefen die Kinder. „Das ist doch viel größer als Lennep!"

„Das war nicht immer so", berichtigte Herr Francke. „Viele hundert Jahre lang war Remscheid ein kleines Dorf, ein sogenanntes Kirchspiel, während Lennep Festungs-, Hanse- und Hauptstadt des bergischen Landes war. Aber allmählich, im Laufe der Zeit begann das Blatt sich zu wenden. Ich hab' noch alte Geschichtsbücher, aus denen will ich euch mal die Zahlen sagen. 1810 hatte Remscheid schon 8.000 Einwohner, Lennep 4.600; 80 Jahre später, im Jahre 1900 hatte Remscheid 56.800, Lennep 9.700 Einwohner; im Jahre 1929 aber waren es in Remscheid 78.000, in Lennep 14.000 Einwohner. Beide Städte waren gewachsen, Lennep war etwa dreimal so groß geworden seit 1810, Remscheid hingegen zehnmal so groß."

„Warum denn? Wollten die Leute lieber in Remscheid wohnen als in Lennep?", wollte Elke wissen.

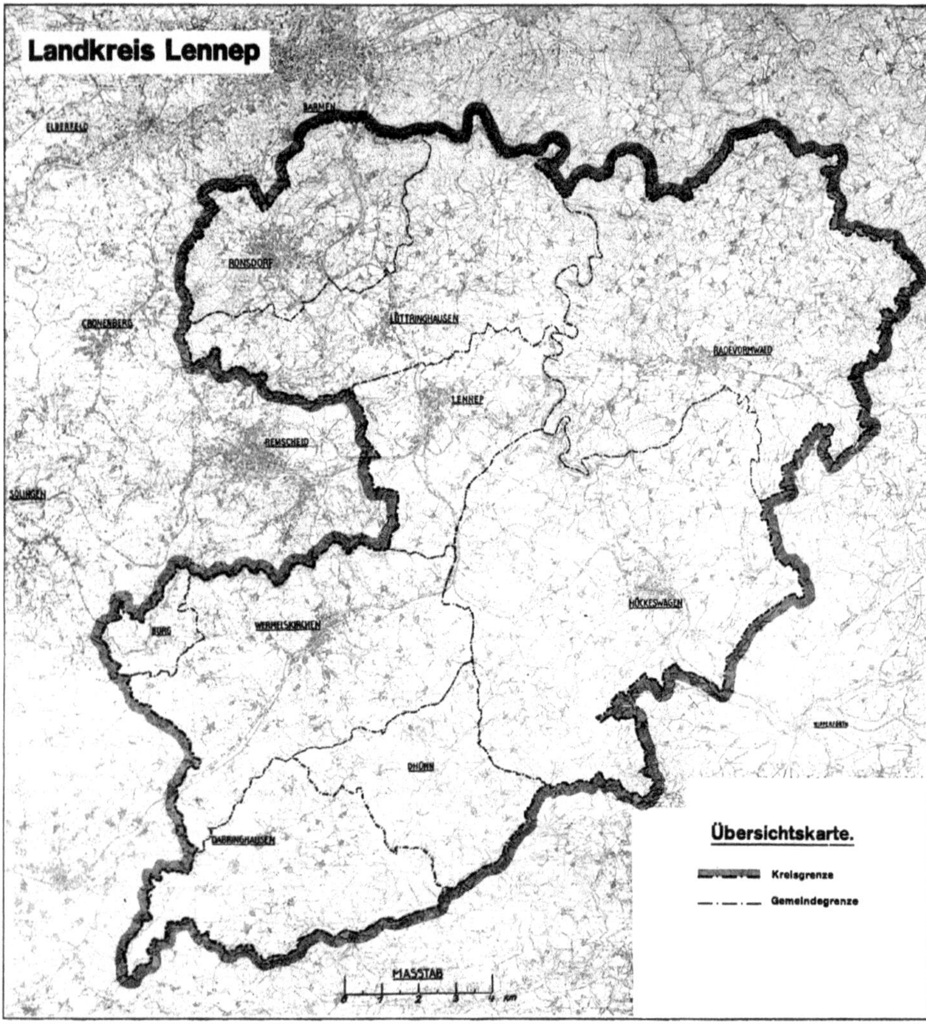

Karte des Kreises Lennep nach 1888.

„Oder hatten sie in Remscheid mehr Kinder?“, fragte Karin.

Herr Francke lachte.

„Daran lag es nicht“, sagte er. „Das lag an der Industrie. In Remscheid wurden kaum Garne und Tuche hergestellt, sondern dort herrschte die Eisenindustrie vor. Von alters her gab es in den Tälern, an den Bächen viele Kotten mit großen Wasserrädern, Hammerwerke und Schmieden; dort wurden Feineisen und Stahl, Werkzeuge und vielerlei Eisenwaren hergestellt. Remscheider Erzeugnisse gingen und gehen heute noch in alle Welt, und als es erst Maschinen gab, entwickelte sich diese Industrie ganz gewaltig. Immer neue Erfindungen wurden gemacht, z. B. die nahtlosen Röhren der Firma Mannesmann und der erste Elektrostahlofen der Welt von Lindenberg. So entstanden große Werke, es gab viele Arbeitsplätze und Verdienstmöglichkeiten. Daher zogen immer mehr Menschen nach Remscheid, so daß die Stadt nicht mehr genug Platz für die Fabrik- und Wohnungsbauten hatte.

In Lennep gab es nur wenig Eisenindustrie. Ich will euch noch ein paar Zahlen vorlesen: 1928 gab es in Remscheid 770 Fabriken, die Eisen und andere Metalle verarbeiteten, in Lennep waren es nur 19. Dafür gab es in Lennep 10 Textilfabriken, in Remscheid nur 7. Also 777 Fabriken gegen 26. An Arbeitern waren in Remscheid 21.130 beschäftigt, in Lennep etwa 3.000.

Ihr merkt, Remscheid hatte Lennep überflügelt, deshalb ist die Stadt auch 1888 aus dem Kreis Lennep ausgeschieden und eine selbstständige, kreisfreie Stadt geworden.“

„Und dann wollte Remscheid noch Lennep dazu haben?“, fragte Peter.

„Nun, so einfach war es nicht“, erwiderte Herr Francke. „Es kamen vier schwere Jahre für Deutschland, von 1914 bis 1918 tobte der erste Weltkrieg, jede Stadt hatte viele Gefallene zu beklagen – oben am Ehrenmal an der Albert-Schmidt-Allee könnt ihr die Namen der toten Soldaten finden. Dann kamen schlimme Notzeiten mit Arbeitslosigkeit, Hunger und Elend. So langsam arbeiteten sich die Menschen wieder hoch. Die Regierung aber wollte auch sparen, sie wollte weniger selbständige Stadtverwaltungen haben und viele Städte und Kreise zusammenlegen. Deshalb schlug sie 1928 vor, Lennep und Lüttringhausen zu Remscheid zu geben, und der Landkreis sollte als neue Kreisstadt Opladen bekommen. So ist es dann auch durchgeführt worden.“

„Waren denn die Leute in Lennep damit einverstanden?“, fragte Peter, der gespannt zugehört hatte.

„O nein“, rief Herr Francke, „auch die Bewohner der anderen Städte des Kreises, die jetzt bis nach Opladen fahren mußten, wenn sie zum Amt wollten, waren ganz und gar nicht dafür. Ich war damals nicht in Lennep. Für viele Lehrer gab es keine Stellen. Weit weg von hier in Ostpreußen wurde ich angestellt. Aber meine Mutter hat mir von all den Ereignissen geschrieben.“

Er ging wieder zur Schublade und holte ein Päckchen sorgfältig gebündelter Briefe heraus. Er zog einen hervor und reichte ihn Karin. „Na, lies mal vor!" forderte er das Mädchen auf.

Karin drehte den Brief hin und her. „Diese Schrift kann ich nicht lesen“, sagte sie kopfschüttelnd.

„Gib mal her!“, rief Elke, aber weder sie noch Peter kamen mit der Sütterlinschrift zurecht.

„Dann muß ich wohl selbst lesen“, meinte Herr Francke schmunzelnd, „ich dachte, ihr lerntet das noch!“

Und er begann:

Lennep, den 15. 3. 1929

Lieber Paul!

Hier bei uns ist noch immer große Aufregung, und der Kampf, ob wir nach Remscheid kommen oder Kreisstadt bleiben, tobt immer weiter. In den Zeitungen kann man fast nichts anderes mehr lesen. Unser Bürgermeister Nohl und der Landrat Beckhaus bemühen sich sehr, Lenneps Selbständigkeit zu erhalten, aber niemand weiß, ob es ihnen gelingen wird. Remscheids Oberbürgermeister Hartmann kämpft sehr stark für die Eingemeindung, und er kann reden. Vorgestern besuchten die Vertreter des Staatsrates aus *Berlin unsere Stadt. Es war ein furchtbares Wetter, alles voll Nebel, aber der Marktplatz war mit Menschen gefüllt. Sie hatten Schilder, darauf stand: ‚Hände weg von Lennep' und ‚Wir brauchen Remscheid nicht' und ‚Remscheid hat genug Land'. Einer hat sogar einen Mistkarren dahergefahren, daran stand: ‚Gut für Remscheid'. Die Lenneper sind halt sehr aufgebracht. Neulich gab es eine große Kundgebung auf dem Jahnplatz mit Sirenen und Glockenläuten, und nachher sind alle zum Rathaus in der Bahnhofstraße gezogen, um den Bürgermeister Nohl zu unterstützen. Wie mag das wohl alles enden?*

Uns geht es noch gut. Vater und die Geschwister lassen Dich grüßen. Wenn Du in den Ferien wegen der weiten, teuren Fahrt nicht kommen kannst, werden wir Dir ein schönes Paket schicken.

Liebe Grüße Deine Mutter.“

„O je, O je! Da war ja was los!“ Peter war vor Begeisterung aufgesprungen. „Da hätte ich auch bei sein mögen.“

„Aber die Lenneper haben doch verloren?“, meinte Karin.

„Ja“, erzählte Herr Francke weiter. „Am 10. 7. war die Abstimmung im Landtag, und es waren vier Stimmen mehr für die Eingemeindung nach Remscheid. Bis zur letzten Minute hatte man noch nicht gewußt, wie es ausgehen würde. Ab 1. August 1929 gab es dann die Großstadt Remscheid mit Lennep und Lüttringhausen. Sie hatte 102.000 Einwohner.“

„Sind die Lenneper den Remscheidern immer noch böse?“, fragte Elke besorgt.

„Es hat lange gedauert, bis sie sich an die Veränderung gewöhnt hatten“, gab Herr Francke zur Antwort. „Lennep war ja eine sehr alte und stolze Stadt. Aber jetzt sind schon 50 Jahre darüber vergangen; die Städte haben gemeinsam einen zweiten Weltkrieg, Zerstörung, Bombenkrieg, Flüchtlingselend und Not durchgemacht. Sie mußten die zerstörten Häuser, Fabriken und Straßen wieder aufbauen, den Menschen Unterkunft und Arbeit verschaffen. So sind sie mehr und mehr zusammengewachsen.

Heute wohnen viele Remscheider in Lennep oder Lüttringhausen; auf dem Hasenberg, in Hackenberg und in Klausen sind ganz neue Ortsteile entstanden. Remscheid hatte also doch zu wenig Platz.“

„Da gefällt es jetzt wohl den Remscheidern besser in Lennep?“, meinte Elke.

„Nun, Lennep ist eine schöne Stadt zum Wohnen“, stimmte Herr Francke zu. „Die Industrie mit den vielen wichtigen Arbeitsplätzen liegt nicht mitten in Lennep, sondern am Rande, wie z. B. die Barmag, die Kammgarn und das Industriegebiet. Im Inneren der Stadt gibt es noch Anlagen, Parks und Gärten. Daher haben wir saubere Luft. Wandern können wir in den Wäldern der schönen Umgebung, und Sportanlagen und das große Hallenbad bieten viele Erholungs- und Entspannungsmöglichkeiten für die arbeitenden Menschen.“

„Mutti sagt immer, es gäbe hier schöne Geschäfte, man könne alles haben und brauchte nicht weit wegzufahren“, warf Elke ein.

„Wir haben eine Einkaufstasche, auf der steht ‚In Lennep kauft man gut'“, bestätigte Karin.

„Dann haben wir auch noch das große Krankenhaus, Kindergärten, städtische und kirchliche Alters- und Pflegeheime und fast alle Arten von Schulen. Die wenigen Schularten, die es in Lennep nicht gibt, kann man durch die guten Verkehrsverbindungen nach Remscheid leicht erreichen", fuhr Herr Francke fort. Aber wir dürfen nicht vergessen, daß manche dieser Einrichtungen nur möglich wurden, weil wir zu einer Großstadt gehören – eine kleine Stadt könnte sich das nicht leisten.

Es hat wirklich keinen Sinn, sich gegenseitig wegen der Vergangenheit böse zu sein – viel wichtiger ist es, für die Zukunft unserer Stadt zu arbeiten, damit sie immer schöner wird. Dafür sollte jeder sich mitverantwortlich fühlen!"

„Das hat Vater auch gesagt", riefen Karin und Peter. „Wir sollten immer für die Gemeinschaft und die anderen Menschen unser Bestes tun."

„Bravo", rief er alte Lenneper Lehrer, „wenn wir so denken, dürfen wir auch tüchtig den Geburtstag unseres lieben alten Lennep feiern."

Wappen der Gemeinden Remscheid, Lennep, Lüttringhausen

Benutzte Literatur:

Carl vom Berg	Sagen und Erzählungen aus dem alten Lennep. Remscheid-Lennep 1947
Carl vom Berg	Geschichte der Evangelischen Kirchengemeinde in Lennep. Remscheid-Lennep 1956
Adolf Böse	Johann Wülfing & Sohn, Remscheid-Lennep 1948
Anton Dietrich	Die Straße des heiligen Jakob. In: Merian-Monatsheft 4/XXVII. Hamburg 1974
Hellmut Feldmann, Karl B. Mouchard	Zur Geschichte der Pfarre St. Bonaventura Lennep. Remscheid-Lennep 1968
Gerhard Huck, Jürgen Reulecke	..... und reges Leben ist überall sichtbar! Reisen im Bergischen Land um 1800. Neustadt an der Aisch 197f
Lang-Heinrich	Überblick über die Geschichte der Stadt Lennep. In: Der Landkreis Lennep und seine Gemeinden. Berlin 1925
Dr. W. Lorenz	50 Jahre Großstadt Remscheid. Remscheid 1979
Dr. Wilhelm Rees	Wilhelm Conrad Röntgen. In: Bergische Wegebahner Remscheid 1951
Dr. Wilhelm Rees	Von bergischer Tracht, alter Volks- und Handwerkskunst und alten Gewerben. Remscheid 1941
Dr. Hermann Ringel	Aus der Entwicklung von Handel und Industrie in Remscheid, Lennep und Lüttringhausen zwischen 1800 und 1850. In: Remscheid, Geschichte einer Stadt. Remscheid 1958
E. Erwin Stursberg	Remscheid und seine Gemeinden. Remscheid 1969
E. Erwin Stursberg	Über die Kirchen- und Altarpatrozinien unserer engeren Heimat. In: 50 Jahre Abteilung Remscheid im Bergischen Geschichtsverein. Remscheid 1971
Paul Windgassen	Aus dem alten Lennep, Chemnitz 1934
Paul Windgassen	Geschichte des Röntgen-Realgymnasiums. Remscheid-Lennep 1935

Die Bilder in diesem Büchlein stellten freundlicherweise zu Verfügung:

Herr Ernst Streller, Deutsches Röntgen-Museum

Herr Dr. Walter Lorenz, Stadtarchiv

Herr Reinhard Fleischmann, Amt für Öffentlichkeitsarbeit

Familie August Kotthaus, Buscherhof

Herr Alfons Ackermann, Remscheid

Herr Franz Werner, Archiv der Kammgarnspinnerei Lennep